Adolph Eduard Grube

Die Insel Lussin und ihre Meeresfauna

Nach einem Sechswöchentlichen Aufenthalte

Adolph Eduard Grube

Die Insel Lussin und ihre Meeresfauna
Nach einem Sechswöchentlichen Aufenthalte

ISBN/EAN: 9783743411470

Hergestellt in Europa, USA, Kanada, Australien, Japan

Cover: Foto ©berggeist007 / pixelio.de

Manufactured and distributed by brebook publishing software (www.brebook.com)

Adolph Eduard Grube

Die Insel Lussin und ihre Meeresfauna

Die Insel Lussin und ihre Meeresfauna

von

Dr. Adolph Eduard Grube.

Die
Insel Lussin und ihre Meeresfauna.

Nach einem sechswöchentlichen Aufenthalte

geschildert von

Dr. Adolph Eduard Grube,

ordentlichem Professor der Zoologie an der Universität Breslau.

Nebst einer Tafel mit Abbildungen und einer Karte von Lussin.

Breslau.

Verlag von Ferdinand Hirt
königl. Universitäts-Buchhandler.

1864.

Seinem theueren Lehrer

Karl Ernst von Baer,

dem Meister in Forschung und Darstellung.

zur Feier

Seines fünfzigjährigen Doctor-Jubiläums

gewidmet

von dem Verfasser.

Inhalts-Uebersicht.

	Seite
Fahrt über Wien und Fiume nach Lussin	1
Die Stadt Lussin piccolo, ihr Hafen und ihre Bedeutung. (St. Martino, Cigale)	6
Die Stadt Lussin grande . .	15
Aufenthalt in Neresine	20
Besuch in Ossero	24
Crivizza .	27
Rückkehr nach Lussin piccolo	31
Ausflug nach Liké und Sansego .	32
Verzeichniss der bei Lussin gesammelten Evertebraten	38
Cephalopoda . . .	39
Gasteropoda .	39
Acephala lamellibranchiata .	46
Tunicata	50
Bryozoa	66
Crustacea . .	68
Vermes { A. Annulata .	76
{ B. Turbellaria	94
Echinodermata	98
Coelenterata	106
Spongiae	109

Drei Jahre waren seit meinem im März 1858 unternommenen Ausflug nach Triest und dem Quarnero verflossen, die zoologische Ausbeute durchgearbeitet und veröffentlicht, und ich empfand das grösste Verlangen darnach, jene Forschungen an den Ufern der Adria wieder aufzunehmen. Aber wo waren die allzeit unverdrossenen Gefährten hin, mit denen ich die heiteren Wochen in Portoré und auf Cherso verlebt hatte? Dr. Dybowski war nach Dorpat zurückgekehrt und durch unglückliche Verwickelungen ernstester Art in Russland zurückgehalten, und Professor Lorenz zwar noch in Fiume, aber bereits im Begriff, dieser Stadt für lange, vielleicht für immer, den Rücken zu kehren. Das mächtig erwachte Nationalgefühl der kroatischen Bevölkerung verlangte überall ihre Sprache als Unterrichtssprache, verdrängte überall die ihrer nicht mächtigen deutschen Lehrer, und diese, wollten sie nicht auf Wartegeld gesetzt werden — und die dazu bestimmten Summen gewährten einen nur kümmerlichen Unterhalt — mussten zusehen, wo sie ein Unterkommen fänden. So schwer es Professor Lorenz ward, den Ort zu verlassen, der ihm als Basis für seine vierjährigen Forschungen über die physikalische Beschaffenheit des Quarnero und seiner Küsten und über seine Thier- und Pflanzenwelt lieb und werth geworden war, er konnte von Glück sagen, dass ihm die Kapitale des Kaiserstaats nicht bloss ein Asyl, sondern auch ein Feld neuer Thätigkeit bieten sollte, und sich ihm im Ministerium des Handels in der Abtheilung für Landescultur ein seinen früheren Beschäftigungen einigermassen verwandter Wirkungskreis öffnete. So vielfach er aber auch durch seine nun bald in Aussicht stehende Uebersiedelung in Anspruch genommen war, ich konnte mich doch an Niemand wenden, der mir für die Ausführung meiner Pläne bessere Auskunft ertheilte, als an ihn, und in der That, er wusste auch jetzt zu eingehender Besprechung derselben die Zeit zu finden. Mir lag weniger daran, Meeresstriche abzusuchen, in denen noch Niemand sein Netz ausgeworfen hatte, als vielmehr solche gründlicher auszubeuten, die sich bereits als ergiebig erwiesen hatten, und mich nach einem mir selbst zwar noch unbekannten Ort zu begeben, an dem ich aber ebensowohl mit Ruhe meine Instrumente aufstellen und arbeiten, als auf zuverlässige und geübte Marinari rechnen konnte; denn ich war ganz auf mich gewiesen, und musste, wenn ich ähnlich günstige Resultate wie von meinem früheren Ausflug erzielen wollte, meine Zeit wohl zu Rathe halten. Dies Alles, schrieb mir Lorenz, fände ich nirgends günstiger als in Lussin piccolo vereint, einer Stadt, die ihm auf seinen vielen oft beschwerlichen Hin- und Herfahrten immer und in jedem Betracht eine wahre Erholung geboten hätte, und in der auch, was sehr zu beachten, die Hitze erträglicher als in dem eigentlichen Becken des Quarnero sei. Sagte mir Lussin piccolo dennoch nicht in dem Grade zu, wie er erwarte, so könnte ich von dort leicht mit einem Dampfschiff nach der dalmatischen Küste mich begeben und hier mein Glück versuchen. Dieser Brief war für mich entscheidend: es ging nach Lussin, und kaum waren die letzten Klänge des Jubelfestes, welches in wahrhaft grossartiger und erhebender Weise unsere alma Viadrina begangen hatte, verhallt, und den werthen Gästen, die unsere Freude theilend gemehrt, ein Lebewohl nachgerufen, so führte mich der Morgenzug der oberschlesischen Bahn nach Wien. Hier vernahm ich, - und dies hätte mich in meinem Entschluss noch wankend machen können, — dass im Auftrage des Hofnaturalienkabinets ein junger Gelehrter, Dr. Steindachner, bereits vor mehreren Wochen nach Dalmatien gegangen sei, um von dort her die Sammlungen der Seethiere zu vervollständigen; ich hätte mich mit ihm vereinigen können, allein die Erwägung aller mir von Lorenz geschilderten Vortheile Lussin's, der Wunsch, den Faden da wieder anzuknüpfen, wo ich ihn abgerissen hatte, und dies nördliche Gebiet der Adria noch genauer kennen zu lernen, und die Nachricht, dass Freund Lorenz seine Abreise von Fiume noch um einige Tage verschieben würde, befestigten mich in meinem ursprünglichen Vorhaben. Nachdem ich noch einen Tag meinen Wiener Bekannten gewidmet, fuhr ich über Gratz nach Fiume. Professor Oscar Schmidt hatte wiederum die Güte gehabt, mir ein Schleppnetz zu bestellen. Der Wunsch, ihm zu danken und von seinen Plänen für die nächste Zukunft zu hören, veranlasste mich zu einem kurzen Aufenthalt in Gratz; auf einem köstlichen aber heissen Vormittagsspaziergang, dessen Ziel der anmuthige Hilmer Teich, tauschten wir unsere Erlebnisse der letzten Jahre in Wissenschaft und Universitätstreiben aus; dann noch ein Blick auf seine Sammlungen von Spongien und die von ihm entworfene systematische

Anordnung derselben, zu deren weiterer Begründung er ebenfalls in einigen Wochen an die Küste und zwar zunächst nach Zara gehen wollte, und der Abendzug führte mich — diesmal nicht nach Triest, sondern nach St. Peter, der nächsten Station hinter Adelsberg, von wo man mit einem Postwagen geradesweges nach Fiume gelangen kann. Ich war in der That begierig, auch nach dieser Richtung den Karst kennen zu lernen, den ich mir nicht öde genug vorstellen konnte, und doch war nur der Anfang des Weges so trostlos und öde. Sobald sich die Strasse senkte, gab es ausser Buchweizen und jetzt schon reifem Hafer und Mais bei den Ansiedelungen, wie bei Radockendorf, Nuss- und Zwetschenbäume, weiterhin fehlte auch Hirse und Weizen nicht, hin und wieder in den Einsenkungen zeigten sich dem erstaunten Auge zweischnittige Wiesen und kleine Viehheerden. Während wir den hohen Nannas, den Vater der Bora, im Auge behielten, kamen Linden, Birnbäume und Cerreichen zum Vorschein, und das saftige Grün des Kartoffelkrautes unterbrach angenehm die monotone Dürre des Felsbodens. Das Gut Steinberg, das Dorf Sagorge, bis zu dem hin auch schon die Zucht der stattlichen Cochinchinahühner gedrungen war, gaben Zeugniss von dem Fleiss des Menschen, der, wenn er ausdauert und ihm nur ein wenig Feuchtigkeit des Bodens zu Hülfe kommt, überall etwas Befriedigendes vor sich bringt. Doch kann, nach den Bodenverhältnissen im grossen Ganzen und nach den selten begegnenden kleinen, hier mit frei hängenden Glocken versehenen Kirchlein zu urtheilen, die Bevölkerung immer nur eine spärliche sein. Vipern (Vipera Ammodytes) sind, wie mir der Conducteur mittheilte, in diesen Gegenden nicht selten, Scorpione sollen sich wenig finden. Die grösste Regenmenge fällt im Herbst, doch sah man an einzelnen Stellen jetzt auch winzige Lachen; weiterhin, wo sich Pyramidenpappeln und grössere Baumgruppen in geschlängelter Linie hinziehen, konnte man den Lauf der Reka verfolgen; hier breitet sich schon eine von einem leichten grünen Anflug von Wiesen und Feldern bedeckte Ebene aus, und wie eine Capitale erschien mir das grosse Dorf Faistritz mit seinen zahlreichen Säge- und Mahlmühlen am Bach gleichen Namens, seinen Maisfeldern, in denen ganze Heerden von Spatzen ihr Wesen trieben, seinen Weinstöcken und seit 3 Jahren bestehenden Maulbeerpflanzungen; am Posthause lud der Schatten einer grossen Rosskastanie zu vorübergehender Erholung ein, und sauber gekleidete Leute schauten an den Thüren ihrer Häuser gemüthlich der Ankunft des Wagens entgegen. Im Südwesten begrenzen den fernen Hintergrund mächtige waldbedeckte Berge, und zwar soll der Wald meistens aus Buchen und Cerreichen bestehen, sich aber nur

1*

auf der uns zugekehrten, nicht auf der gegenüberliegenden istrischen Seite zeigen. Hinter Faistritz beginnt eine ansehnliche Neigung, man betritt das istrische Gebiet. Um 10 Uhr Vormittags erreichten wir das Dorf Skalaniza, dann Lippa, hier stösst der Weg mit der Triestiner Strasse zusammen, die noch eine Zeit lang recht öde und einförmig weiter führt, bis sich etwa eine Stunde vor Fiume die Aussicht auf's Meer öffnet, und man anfangs allmählich, dann rasch abwärts zwischen Steinmauern von Besitzungen und Villen Fiume zueilt. Fürchterlich brannte auf diesen engen von Staub erfüllten Wegen die Mittagssonne, und nie habe ich den Eintritt in die kühlen Corridore des Gasthofs zum König von Ungarn mehr als damals gesegnet.

Es war ein Sonntag, und eine wahre Sonntagsfreude das Wiedersehen mit Lorenz, der seit unserer Trennung seine Arbeit wacker gefördert hatte und ihrem Abschluss nahe war.*) Er versicherte mich wiederholt, nach seiner vollen Ueberzeugung würde meinen Zwecken keine Gegend in dem von ihm untersuchten Gebiet besser entsprechen als die Insel Lussin, vor allem aber sei es nöthig, seinen Freund Dr. Nicolich von meiner Ankunft hier zu benachrichtigen, und bei ihm anzufragen, ob die für mich bestellte Wohnung bereit, auch sein Sohn, der mir in manchem helfen könne, zur Stelle sei: da Lussin piccolo mittels Cherso mit Fiume bereits in telegraphischer Verbindung stehe, würden wir in kürzester Zeit Antwort haben. So sind denn auch diese Inseln aus ihrer Isolation getreten und in einen ununterbrochenen Verkehr gezogen, eine Thatsache, die mich bei der Kleinheit jenes Eilandes überraschte. „Lernen Sie erst Lussin kennen," sagte mein Freund, „und Sie werden es besser würdigen." In Zeit einer Stunde hatten wir die Antwort, sie lautete befriedigend, und es galt daher, alles so einzurichten, dass ich das am Dienstag Mittags abgehende Dampfschiff benutzen konnte. Wir gingen nun mit Eifer an das Studium der von Lorenz entworfenen Karten über die Verbreitung der Thierwelt im Quarnero, das auf Lussin bezügliche ward zur Orientirung für mich mit ungefährer Genauigkeit auf einige Blätter übertragen, etliche Blechbüchsen, ein Vorrath von Gläsern und eine Quantität Weingeist, den man in Lussin piccolo nicht gut haben kann, eingekauft und alles sorgsam in Kisten gepackt; auch unterliess ich nicht, mich dem Commandanten des Hafens, dem Ispettore marittimo, Herrn Marussig, persönlich vorzustellen. Er war so gütig, mich in jeder Weise zu unterstützen, namentlich auch mir eine Empfeh-

---

*) Dieselbe ist 1863 unter dem Titel: „Physikalische Verhältnisse und Vertheilung der Organismen im Quarnerischen Golf" erschienen.

lung an das Lussiner Hafenamt mitzugeben, eine Empfehlung, welche meine Zwecke wesentlich förderte, und für die ich ihm grossen Dank schuldig bin. Die Tage waren ungemein heiss und ich in ununterbrochener Bewegung gewesen, so dass ich wahrhaft nach einer Abenderholung im Freien vor dem vielbesuchten deutschen Caffee verlangte, wohin die Klänge einer guten Militärmusik noch besonders zogen, und wo ich abwechselnd durch treffliches Wasser und Eis den erschöpften Körper erfrischte. Wie unüberlegt dies war, zeigte sich schon in wenigen Stunden: ich erkrankte an einer furchtbaren Diarrhoe, die mich so abmattete, dass ich mich kaum vom Lager erheben konnte, und Professor Lorenz, als er mich, ohne Ahnung von dem Allen, am nächsten Morgen besuchte, um die letzten Vorbereitungen zu treffen, war nicht wenig bestürzt, mich in einem solchen Zustande zu erblicken. Er rieth mir sogleich zu dem bei solchen Veranlassungen hier allgemein gebräuchlichen Mittel, einem Tamarindenmuss, und die Anwendung desselben setzte mich wenigstens in den Stand, noch zur rechten Zeit den Dampfer zu besteigen. Mich selbst bis Lussin piccolo zu begleiten, wie Professor Lorenz sich anfangs vorgenommen, erlaubte ihm seine Zeit nicht mehr, wir mussten hier von einander scheiden. Dies Dampfschiff, eines der kleineren, war zum Dienst im Quarnero bestimmt; es kam von Triest, und ging heute nach Lussin grande, um morgen die Fahrt nach Zara fortzusetzen und dann über Zengg an der kroatischen Küste und Fiume zurückzukehren. Auf der Hinfahrt hält es sich, vor der Bucht von Bukari vorbeigehend, an der Küste des anfangs flachen und kahlen Veglia, welches gegen Castel muschio ansteigt und sich mit Bäumen schmückt. Castel muschio selbst liegt auf steilen Felsen; ich sah es nicht zum ersten Mal; denn als ich im Winter 1834 nach Fiume kam, und mich Herr v. Adamich*) in den Weihnachtsfeiertagen auf leichter Barke nach seinem Landhause auf Veglia führte, lernte ich hier die Macht der Borascha kennen; wir hatten die schönsten Actinien und Eunicen gefangen, aber grosse Mühe, sie wie uns selbst in's Sichere zu bringen: um 10 Uhr Morgens hatten wir Veglia verlassen und waren trotz des angestrengtesten Ruderns noch kaum um 6 Uhr Abends in Fiume. In der Bucht von Castel muschio musste der Dampfer nach Vorschrift halten, allein der Verkehr ist hier sehr geringe, seit 6 Monaten, wie mir der Capitain sagte, hatte keine Barke von dort ein Zeichen gegeben, dass sie Passagiere an Bord bringen wolle. Wenn man den Blick nach dem Nordufer

---

*) Das ch in den Endsylben mich, lich, nich, vich und ähnlichen wird tsch gesprochen, also Adamitsch, Nicolitsch, Scopinitsch u. s. w.

des Golfs und seinen Felsenkämmen richtet, übersieht man den Verlauf der Triestiner Strasse, wie sie bei Castua auf der halben Höhe des Gebirges hervortritt und sich herabsenkt. Beim Fortsetzen der Fahrt längs der Küste bekommt man von den hin und wieder stehenden weissen Landhäuschen, hinter denen dann weiterhin die blaue Zone der kroatischen Gebirge auftaucht, ein freundlicheres Bild als beim Anblick der Hauptstadt Veglia selbst, vor der wir gegen 4 Uhr anlangten; diese sieht sogar recht wüst und unheimlich aus, und weder ihre alten mit Zinnen gekrönten Mauerreste, noch der erzbischöfliche Pallast, an dem man vom Schiff aus keinerlei Styl entdecken kann, noch der im oberen Theil moderne Thurm der Kirche, der die Figur des heiligen Michael auf seiner Spitze trägt, waren im Stande, irgend einen bessern Eindruck hervorzubringen. Hier stiegen ein paar Geistliche an Bord, gesprächigere Leute als die sonstige kleine Schiffsgesellschaft, die auch nach Lussin grande wollten; die weitere Fahrt durch den sogenannten Quarnerolo, zwischen den Inseln Arbe und Cherso, bot nichts Interessantes dar als den Anblick ganzer Schaaren von Möven, die auf den flachen Klippen und Ufern der Eilande Ruhe hielten. In später Dämmerung ward vor Lussin grande der Anker geworfen, ich fühlte mich noch so matt, dass ich die Erlaubniss des Capitains, an Bord zu nächtigen, mit Dank annahm, um so mehr, da, wie ich erfuhr, die Stadt gar kein Gasthaus besitzt, und ich mich daher um ein Unterkommen eigens hätte umsehen müssen.

Am andern Morgen, es war der 14. August, brachte mich eine Barke nach dem kleinen Hafen St. Martino an der Ostseite der Insel, und ich wanderte von hier ansteigend über die Landzunge derselben nach dem Ort meiner Bestimmung. Wie stattlich nahm sich im Vergleich mit dem eben verlassenen Städtchen Lussin grande das um das schmale Südende eines gewaltigen Hafens auf schmalem Vorland und auf den Höhen selbst gelagerte Lussin piccolo aus! Man hätte jenes das kleine und dieses das grosse Lussin nennen müssen, wenn die Namen in der Mitte des jetzigen Jahrhunderts ertheilt wären, aber vordem war es anders! Lussin piccolo war eine winzige Niederlassung und blühte erst spät empor! Der erste, dem ich begegnete und den ich nach der Wohnung des Doktor Nicolich fragte, war er selbst, schon im Begriff, mich aufzusuchen, denn er hatte durch meine gestrigen Reisegefährten meine Ankunft in Lussin grande erfahren. Ich sollte, da auch Lussin piccolo kein eigentliches Gasthaus besitzt, bei derselben Signora Rosa wohnen, bei der Lorenz Unterkommen gefunden, und bat ihn daher, mich dorthin zu geleiten; „sie hat vor Kurzem ihren Mann verloren, war die Antwort, und kann jetzt Niemand aufnehmen, aber folgen Sie mir in mein eigenes Haus."

Wir waren an das flache Ufer gelangt, und stiegen von hier durch einen Schwibbogen tretend, eine enge Strasse auf Steinstufen zu einem stattlichen zweistöckigen Hause empor. „Hier sollen Sie wohnen, wenn es Ihnen gefällt!" Noch ganz überrascht von dieser ungewöhnlichen Freundlichkeit, ward ich seiner Familie vorgestellt, und um mich sogleich mit Allem, was er mir bieten konnte, bekannt zu machen, durch ein Gärtchen zu einem kleineren leer stehenden Gebäude geführt, das er für meine Arbeiten mir zur Verfügung stellen wollte; im oberen Stockwerk zwei kleine Zimmer, von denen eines nach Westen, das andere nach Süden lag, unten eine unbenutzte Küche zum Aufbewahren meiner Geräthe! Hätte ein guter Geist mir alles nach meinen Wünschen einrichten sollen, er hätte mir für Lussin kaum etwas Befriedigenderes schaffen können, als was mir hier geboten war! Bald schweiften meine Blicke über den Hafen, bald kehrten sie zu dem gütigen Wirth zurück, der mir, dem gänzlich Unbekannten, in solcher Weise entgegenkam und mich in den Schooss seiner Familie aufnahm. Hier konnte ich mit Ruhe schaffen! War die Ergiebigkeit des Meeres der Trefflichkeit meiner Arbeitsstätte entsprechend, so sah ich die glücklichsten Erfolge meiner Reise voraus; und glücklich, wie der Eingang, sollte alles auch im Fortgang sich fügen! Der Commandant des Hafens, dem ich mein Empfehlungsschreiben überreichte, empfing mich sehr artig und stellte mir sogleich eine Barke zur Verfügung; der mich von Fiume begleitende Marinar, ebenfalls Nicolich mit Namen, fand bald ein paar Kameraden, die freie Zeit genug hatten, unter einander abwechselnd mit ihm meine Barke zu bedienen; der Sohn endlich meines Gastfreundes, Siro Nicolich, ein junger Studirender der Medicin, zum Ferienbesuch aus Wien herübergekommen, voll Eifers für die Zoologie, wollte auf meinen Ausflügen mein Gefährte sein; doch leider war seine Gesundheit durch eine Lungenkrankheit untergraben, und schon eine der ersten Excursionen, bei der er sich zu stark der Sonne ausgesetzt hatte, that dar, dass er dergleichen sich nicht bieten dürfe; weiterhin leistete er mir dann oftmals beim Durchmustern der Ausbeute Beistand, und es ist schon viel werth, selbst bei der mechanischen Arbeit, die dieses ebenso zeitraubende als drängende Geschäft erfordert, einige Hülfe zu haben, überdies gewährte mir sein Eifer und sein Wissensdurst Vergnügen. Besonders wichtig war es mir zunächst, mich zu überzeugen, wie weit ich auf die Geschicklichkeit und Zuverlässigkeit meiner Marinari bauen konnte, von denen Nicolich, von Professor Lorenz selbst eingeübt, diesen auf zahlreichen Excursionen aufs beste bedient hatte. Zu dieser Prüfung boten die ersten von mir selbst geleiteten Excursionen hinreichend Gelegenheit, und das Resultat war so befriedigend, dass ich ihm bald allein die Handhabung des Grundnetzes überlassen und alle Zeit auf die Beobachtung und Bestimmung der Ausbeute verwenden konnte. Durch die von Lorenz entworfenen Karten der Hauptpunkte von Lussin war ich hinreichend orientirt, um jedesmal den Marinaren die Gegend bezeichnen zu können, in der sie das Netz werfen sollten, ebenso wurde ihnen die ungefähre Tiefe angegeben, unter der sie es nicht benutzen sollten, und angeordnet, dass jeder einzelne Zug von einer bestimmten Tiefe einer Localität in ein besonderes Gefäss gethan würde; nie sollten sie bei einer Fahrt mehr als 3 bis 4 Züge thun. Von 10 zu 10 Faden war das Seil des Netzes mit einem Knoten bezeichnet, die zwischenliegenden Faden der Tiefe wurden nach ausgespannten Armlängen gemessen. Hiebei mussten freilich zwei Vortheile, welche meine eigene Anwesenheit bei der Excursion mit sich brachte, aufgegeben werden: Das sofortige Absondern kleinerer interessanter Thiere, die in den Behältern schon während der Fahrt zum Vorschein kommen, und die Beurtheilung, ob eine Stelle vorzugsweise abgelesen zu werden verdiene, Vortheile, die jedoch meines Erachtens durch den bei ihrem Aufgeben erzielten Gewinn an Zeit reichlich aufgewogen wurden. Der Marinar Nicolich erhielt täglich 1½ fl., der zweite Marinar 1 fl., wenn er nur am Vormittag auf Fang ausging, sonst je nach den Umständen noch eine Zulage; in der Regel waren aber schon die Morgenzüge so ergiebig, dass sie mich bis zum andern Tage beschäftigten: am liebsten sah ich, wenn die Rückkehr der Marinari schon um 10 Uhr erfolgte, theils weil die Thiere um so viel weniger von der Sonne zu leiden hatten, theils weil ich um so viel mehr an hellen Stunden zum Beobachten gewann. Ebensowenig bedurfte es meiner Gegenwart bei dem Heraufschaffen von Steinblöcken aus dem Meere. Ich liess sie nach meiner Wohnung schaffen, in der sie immer noch feucht genug ankamen, um die in ihnen versteckten Thiere lebend zu Tage zu fördern. Eines aber hatte ich diesmal von vorn herein aufgegeben: das Sammeln von Fischen. Der Fischmarkt ist hier und besonders zu dieser Zeit so unbedeutend, dass es sich nicht der Mühe belohnt hätte, ihn zu besuchen, und auch ein anderes Mittel, das mir zu diesem Behufe noch zu Gebote stand, mich nämlich mit den Chioggioten, den Hauptfischern in Lussin grande, in Verbindung zu setzen, mochte ich nicht ergreifen; ich musste, wollte ich meine Zwecke befriedigend erfüllen, mich vor Zersplitterung von Kraft und Zeit hüten: auf Anneliden, Amphipoden und Isopoden war das Hauptaugenmerk gerichtet, weniger auf Turbellarien. Mollusken und Strahlthiere; was ich an Spongien sammelte, sollte Professor Oscar Schmidt erhalten.

Die Oertlichkeiten, nach denen von Lussin piccolo aus bequem, d. h. unter den oben angegebenen Bedingungen, Excursionen unternommen werden können, sind der Hafen selbst, die nächste Gegend vor dem Hafen bis nach Cigale hin, also das offene Meer gegen Westen, und auf der entgegengesetzten Seite, der Ostseite der Insel, die Umgebung von St. Martino. Bei letzterer Excursion müssen die Geräthschaften über die Höhe der Landenge getragen und eine der wenigen dort stationirenden Barken bei Zeiten gemiethet werden, das Herüberbringen der Ausbeute in halbgefüllten Wannen ist beschwerlich, doch der Weg nicht so weit, dass dabei etwas zu Grunde ginge; man legt ihn in $3/4$ Stunden zurück. Nach Cigale braucht eine Barke bei ruhigem Wetter mindestens 2 Stunden, doch beträgt der Landweg auch reichlich eine Stunde, und ist der längere Wasserweg jedenfalls vorzuziehen. Am bequemsten wäre es, in Cigale selbst festen Fuss zu fassen, allein dort giebt es nur ein Häuschen, zu klein, um ausser dem Hafenwächter und seiner Familie für einige Tage noch eine Person aufzunehmen, wenn sie sich einigermassen einrichten soll. Ueberall auf Lussin bestehen Küsten und Meeresboden aus Kreide und tertiärem Kalk, hin und wieder mit Sand untermischt.

Der herrliche Hafen von Lussin piccolo, von so hoher Bedeutung für diesen Ort, tief genug, um die grössten Kriegsschiffe, und geräumig genug, um grosse Geschwader aufzunehmen, — wie denn im Jahre 1859 die ganze französische Flotte hier einlief — erstreckt sich als ein schmales Bassin von Norden nach Süden wohl 2 Stunden in die Länge, die grösste Breite mag kaum $1/2$ Stunde betragen. Er mündet an der Westseite mit 2 sehr schmalen und kurzen durch die kleine Felseninsel Coludar getrennten Ausgängen, von welchen der südliche, die Bocca falsa, nur für Barken passirbar ist, und zeigt ringsum vorherrschend flachere Felsenufer. Da seine Wasserfläche nie so bewegt als das offene Meer ist, so gewährt er dem Zoologen den grossen Vortheil, auch dann noch zu Netzzügen benutzt werden zu können, wenn mit Erfolg keine Barke hinausgeht, doch haben meine Marinari seine Tiefe nur an einer Stelle 22 Faden, sonst höchstens 17 bis 20 Faden gefunden, und es ist daher eine Menge von Thieren von ihm ausgeschlossen, die nur in grösseren Tiefen wohnen. Dennoch kann man auch hier schon ein reiches Thierleben kennen lernen.

Schon auf der ersten noch am Tage meiner Ankunft unternommenen Excursion erbeutete ich auf 18 Faden Tiefe ein ungemein grosses Exemplar von Asteracanthion glaciale, wie ich es noch nie gefunden, von fast $1 1/2$ Fuss Durchmesser, die Breite der Arme betrug in der Mitte fast 4 Finger, die Höhe der Rückenbuckel einen halben Zoll, die Farbe war ein grünliches Grau mit blutbraunen Flecken an den Seiten, und die grossen Rückenstacheln mit fleischiger safrangelber Scheide überzogen. Das Trocknen eines so grossen Seesternes, wenn man ihm nicht seine Füsschen und weichwandigen Theile ausschneiden kann, gelingt selbst in der heissesten Jahreszeit und wenn man massenhaft Fliesspapier zur schnellen Entziehung des Wassers anwendet, nur sehr schwer, und die platte Gestalt, die das Thier annimmt, lässt kaum seine eigentliche Form errathen. Von andern Seesternen ist Astropecten pentacanthus, Ophiura texturata, Ophiothrix fragilis, die seltene, lange Zeit nur aus dem ägeischen Meer bekannte, neuerlich aber auch von Heller an der dalmatischen Küste gefundene Ophiopsila aranea (Ophianoplus marmoreus Sars) und Alecto europaea, von Seeigeln Echinus lividus, E. brevispinosus und Echinocyamus pusillus (Fibularia tarentina), von Holothurien Holothuria tubulosa, H. (Sporadipus) glaber, H. (Sp.) Stellati und Cucumaria doliolum anzuführen.

Von Mollusken kann man massenhaft Aporrhais pes Pelecani, Cerithium vulgatum, Turritella communis (selten lebend), Trochus magus, Murex trunculus, Lima tenera, Ascidia microcosmus, A. mamillata haben; seltener oder nur in einzelnen Exemplaren begegneten mir: Fusus corneus, F. corallinus, Murex Edwardsii, Buccinum reticulatum und ein paar andere Speces, Crepidula gibbosa, Cerithium perversum, Eulima nitida, Natica marocchiensis, Scalaria tenuicosta, Turbo rugosus, Trochus crenulatus, Tr. divaricatus, Tr. conulus, Fissurella gibba, Haliotis tuberculata, Chiton siculus, Patella lusitanica, Dentalium entalis, D. dentalis, Marsenia perspicua, Pleurobranchus perforatus, Pl.aurantiacus, Bulla hydatis, Idalia laciniosa, eine wahrhaft prachtvolle Nacktschnecke, Doris Argus, D. limbata, Ostrea lamellosa, O. cristata, Anomia elegans, Pecten Jacobaeus, Modiola discrepans (immer in der gallertartigen Hülle von einfachen oder zusammengesetzten Ascidien steckend), Area Noae, A. barbata, Cardium ciliare, C. papillosum, Venus verrucosa, Thracia corbuloides, Saxicava arctica, Ascidia (Phallusia) cristata, Botryllus Renieri und Amarucium albicans.

Die häufigsten Amphipoden waren Lysianassa spinicornis und longicornis, Moera grossimana, Leucothoë articulosa, selten Melita gladiosa, an Decapoden schien der Hafen im Ganzen arm, Pilumnus hirtellus, Xantho rivulosus, Porcellana longicornis erinnere ich mich öfter erhalten zu haben, auch Alpheus dentipes und Pinnotheres veterum, letzteren frei, mit keiner Pinna, selten den interessanten Typton spongicola.

Dagegen waren reichlicher die Anneliden vertreten und zwar von bekannten Formen: Aphrodite hystrix, Polynoë cirrata, P. areolata, Eunice Harassii, E. siciliensis, Lysidice punctata, Staurocephalus rubrovittatus, Nereis Costae, Syllis spongicola, S. Zebra, Phyllodoce (Eulalia) punctifera, der seltsame Chaetopterus pergamentaceus, Maldane glebifex, Siphonostomum diplochaetus, Dasybranchus caducus, Terebella lutea, T. pectinata, Polycirrus aurantiacus, Sabella Lucullana, Serpula (Serpula i. e. S.) echinata, S. (S.) aspera, S. (Eupomatus) pectinatus, Protula protensa, Phascolosoma verrucosum, Aspidosiphon Mülleri, von weniger bekannten oder neuen folgende: Polynoë longiseta n. sp., Eunice vittata, Lumbriconereis coccinea, Eteone siphodonta, Terebella lingulata n. sp., Sabella polyzonos n. sp., S. oculata und S. fragilis n. sp. Von Strudelwürmern erhielt ich am häufigsten Cerebratulus spectabilis. In Steinen, welche aus einer Tiefe von 6—8 Fuss am Ufer herausgeholt worden, fanden sich: Polynoë clypeata, P. cirrata, P. areolata, Eunice Harassii, mitunter in ausserordentlich schönen und grossen Exemplaren, Phyllodoce (Eulalia) viridis, Lumbriconereis quadristriata, L. coccinea, Staurocephalus rubrovittatus, Terebella viminalis, T. triserialis, T. corallina, Polycirrus aurantiacus und die gesuchte Bonellia viridis, von Strudelwürmern Meckelia annulata, von Mollusken Trochus fragarioides, Lima squamosa, Modiola lithophaga, Arca Noae (meist jung) und Gastrochaena Polii, von Actinien Anemonia cereus (Actinia viridis Grav.)

Wir haben hier im Hafen also eine Thierwelt, die mit Lorenz's 5ter Tiefenregion (10 bis 20 Faden) abschneidet, reich genug, doch würde man gewiss die Zahl der Netzzüge noch sehr zu vervielfältigen haben, bevor man einen richtigen Begriff von ihrer Mannigfaltigkeit bekäme; ich selbst habe vielleicht aus Mangel an Zeit in den ersten Tagen zu notiren unterlassen, was ich später an andern Localitäten gefunden und bei diesen angemerkt. Was ich über meine Ausbeute von St. Martino und Cigale mittheilen kann, wird sich besser an die Berichte über die Stationen Lussin grande und Crivizza anschliessen.

Die Stadt Lussin piccolo, die jetzt schon gegen 6000 Einwohner, mehr als die Hälfte der Bevölkerung der ganzen Insel, zählen soll, baut sich um das Südende des Hafens auf, an dem die Höhen so rasch emporsteigen, dass sich in der Ebene fast nur eine breitere Strasse, ein Kai hinzieht, bloss an einer Stelle erstreckt sich dieselbe ein wenig tiefer zwischen die Berge hinein, recht in der Mitte des langgestreckten Bogens. Hier thut sich die Piazza auf, zwar nicht mit einer Cathedrale geschmückt, die vielmehr von der Höhe des östlichen Ufers herabschaut, aber doch der Sammelplatz der schönen Welt an den Sonn- und Festtagen, die ihr Vergnügen darin findet, auf diesem etwa 150 Schritt langen und halb so breiten Raum und zwar nicht einmal in die Runde, sondern vorzugsweise nur auf dem Mittelgange gemächlich hin und her zu wandeln; mitunter spielt dabei eine Kapelle, aber mit welchen Instrumenten? Man ist in dieser Hinsicht unglaublich genügsam. Ein Pferd halten nur 3 oder 4 Personen,

Fuhrwerk giebt es gar nicht, an seine Stelle tritt die Barke, die zur Zeit der Ernten, besonders der Weinlese, die Familie zu froher Feier auf einen oder ein paar Tage nach ihren entlegeneren Besitzungen führt. Grössere Versammlungsorte in der Stadt wird man vergeblich suchen, selbst das ansehnlichste Café am östlichen Kai, nahe der Piazza gelegen, besitzt kein geräumiges Local; um so mehr machen sich einige stattliche Privatgebäude bemerkbar, Wohnungen der wohlhabenderen Rheder, denn Rhederei und Schifffahrt gewähren hier den Haupterwerb, und spielen die Hauptrolle, und wer selbst in manches bescheidener aussehende Haus tritt, wird sogleich seiner Einrichtung, den Kupferstichen an seinen Wänden und seinen Geräthschaften ansehen, dass hier viel überseeischer Verkehr herrscht. Dennoch tritt dies durchaus nicht in den Verkaufsläden zu Tage, sie sind unscheinbar und beschränken sich nur auf die nothwendigsten Bedürfnisse einer einfacheren Lebensweise; was darüber hinausgeht, kommt von Triest und Fiume, zum Theil auch durch Bekannte oder Familienmitglieder geradesweges aus dem Auslande in die Familien; dabei bleibt der ganze Zuschnitt des Lebens fern vom Luxuriösen und stimmt gut zu dem durchaus patriarchalischen Grundton der Bevölkerung. Dies machte mir den Aufenthalt in dem Hause, das mich so gastfreundlich aufgenommen, doppelt angenehm, es herrschte darin überdies eine Sauberkeit, eine Arbeitsamkeit, eine Herzlichkeit, die ganz an Deutschland erinnerte, und doch ist dies eine durchaus slavische Bevölkerung, die, wie mir scheint, aus dem Verkehr mit Italien wenig mehr als die Sprache aufgenommen, aber durch das Leben an und auf dem Meere manches von den tadelnswerthen Gewohnheiten der Binnenwohner abgelegt hat. Neben dem Italienischen wird in der Schule, z. B. in der Navigationsschule, die eigentliche Landessprache, Illyrisch, gelehrt, zuweilen hört man es auch von den Gebildeten sprechen, aber die Schriftsprache ist das Italienische. Die Kleidung ist für das Alltagsleben einfach, die männliche, was mir besonders auffiel, trotz der heissen Jahreszeit durchaus nicht sommerlich: ich sah fast nur dunkle Wollstoffe, und nicht einmal breitkrempige Stroh- oder helle Filzhüte tragen. Im Winter, sagte man mir, sei man eben so wenig an besonders warme Kleidungsstücke gewöhnt; doch ist dies minder befremdend, da die Bora hier nicht mehr ihre volle Macht geltend machen kann, und die Temperatur selten für einige Zeit unter den Gefrierpunkt sinkt. Klima und Vegetation nehmen auf Lussin schon den dalmatinischen Charakter an. Nach einer Erquickung, die man in ganz Italien darreicht, nach Gefrorenem, habe ich in Lussin piccolo vergeblich getrachtet, ich habe überhaupt kein Stückchen Eis zu sehen bekommen, ein Artikel, dessen Vertheilung an vielen Orten Italiens eine Sorge der Regierung ist. Man erhält in den Café's nur eine kühle Citronen- oder Himbeerlimonade, und nach den Erfahrungen, die ich an mir in Fiume gemacht habe, ist ihre Temperatur gewiss dem Körper zuträglicher, als die ganz kalten Erfrischungen. In ganz Lussin piccolo existirt kein Brunnen, jedes bessere Haus hat seine Cisterne, und diese liegt neben der Küche: die Cisternen werden mit grosser Sorgfalt angelegt und unterhalten und einmal im Jahre vollkommen gereinigt, und ich fand das Wasser in unserm Hause so wohlschmeckend als möglich: überdies geniesst man es selten allein, sondern verdünnt damit den Wein. Ist der letztere minder gut gerathen, so kauft man ihn aus Istrien und Dalmatien, ja wohl zu einem noch sehr mässigen Preise bis aus Cette: vortreffliche Birnen und Aepfel kommen aus Norditalien, Feigen und Johannisbrot zieht man selber zur Genüge. Wein und Oel bilden den Hauptertrag des Bodens. Doch ist Rhederei und Schifffahrt das, was den Ort reich macht, und ein Arzt im Anfang dieses Jahrhunderts, Bernardo Capponi, war es, der den Unternehmungsgeist und die Thätigkeit seiner Mitbürger in diese Bahn gelenkt und so die jetzige Bedeutung der Stadt angebahnt hat. Man rechnet, dass Lussin piccolo über 100 grössere Seeschiffe besitzt, und die Küstenfahrer mitgerechnet mehr als ⅕ der ganzen österreichischen Handelsmarine. Fast ununterbrochen sind die Werfte mit im Bau begriffenen Fahrzeugen besetzt, zu denen das Holz aus den kroatischen Bergwäldern kommt. Besonders günstige Conjuncturen für die Schifffahrt bot der Krymkrieg dar, aber auch jetzt musste der Handel lebhaft sein, da ich während meines ganzen Aufenthalts kaum 6 oder 7 Schiffe im Hafen ruhig liegen gesehen habe. Mit wie vielen Männern habe ich mich unterhalten, die im südlichen und nördlichen Frankreich, in England, in Constantinopel und Alexandrien gewesen waren, und öfters machen, besonders in den ersten Jahren der Ehe, selbst Frauen diese Reisen mit. Dies mehrt den regen Sinn, die Intelligenz der Bevölkerung, legt ein wohlthätiges Gegengewicht gegen die sonst etwas klein zugeschnittenen Verhältnisse der Insel in die Wagschale, und hebt Lussin über die Schwesterinseln des Quarnero. Bei dieser Wichtigkeit der Rhederei war es denn auch nothwendig, sich mit dem Festlande durch Telegraphen in Verbindung zu setzen, und wenige Stunden nach der Ankunft eines Lussiner Fahrzeuges in einem fremden Hafen ist schon der Eigenthümer davon unterrichtet, und erlässt darnach seine Anweisungen. Die bequeme Lage der Stadt endlich an der grossen Strasse von Triest nach Dalmatien gewährt ihr den Vortheil eines regelmässigen und schnellen Personenverkehrs auch mit entfernteren Punkten der dalmatischen Küste. Eines von den beiden Schiffen auf dieser Tour, die wöchentlich zweimal in Lussin anlegen, läuft in den Hafen selber ein, das andere hält draussen in Cigale, während in Lussin grande für den directen Verkehr mit Zara und mit Fiume, durch letzteren Ort auch mit Istrien und mit Triest, gesorgt ist. Ausserdem geht noch ein paar Mal wöchentlich die Landbriefpost durch Istrien. Alle diese Vortheile machen, abgesehen von der Ergiebigkeit des Hafens, Lussin dem auf Seethiere ausziehenden Zoologen höchst empfehlenswerth. — Bei meinem zweiten Ausfluge von Lussin piccolo, der zur Bocca falsa hinausging, stiess mir ein kleiner Unfall zu, der mich für einige Tage ganz an das Haus bannte. Die grosse Hitze hatte schon lange in mir das Verlangen nach einem Bade geweckt. Hier in einer flachen Bucht, deren mit Seepflanzen bedeckter Boden dem Nichtschwimmer besonders einladend schien, bot sich die günstigste Gelegenheit dar; ich stieg in die Fluth und fühlte ganz die so lang entbehrte Erquickung, als ich plötzlich das Wasser sich intensiv röthen sah; man konnte, wäre der Ton mehr violet gewesen, an die Gegenwart einer geängsteten Aplysie denken, aber so war es mein eigenes Blut, das aus einer grossen, von dem scharfen Gestein der Klippen verursachten Fusswunde strömte; wie peinlich, hinkend und mit blossem, schlecht verbundenem Fuss zu einer Familie zurückzukehren, die den fremden Gast kaum kennen gelernt hatte! Wäre dies in einem englischen Hause passirt, so hätte ich mich schwerlich zeigen dürfen, hier, wo das Leben von seiner Natürlichkeit wenig verloren hat, nahm man nicht den geringsten Anstoss an meinem Umherwandeln im klappenden Pantoffel. Ich habe wochenlang nicht sicher auftreten können, da trotz alles Auswaschens der tiefen Wunde immer noch Sandkörnchen und Stückchen von Seeigelstacheln auseiterten. Dauernder und empfindlicher war ein anderes Uebel, das ich schon von meinem früheren Aufenthalt an den Küsten der Adria kennen gelernt hatte, und das sich auch diesmal sehr bald einstellte, die sogenannten Bruschi oder Calori, Pusteln, welche heftiges Brennen erzeugen und meine Hände über und über bedeckten. Ich hatte früher geglaubt, dass diese Pusteln von der fortgesetzten Befeuchtung dieser Theile mit Meerwasser und von der Einwirkung des Schleimes der grossen Rhizostomen herrührten, allein hier belehrte man mich, dass dies eine locale Krankheitsform der heissen Jahreszeit sei, die auch solche befalle, die von den oben erwähnten Berührungen frei bleiben, und an sehr verschiedenen Theilen des Körpers auftreten könne. So zeigten sich nach einiger Zeit ein paar dergleichen Bruschi bei der kleinen Tochter meines Gastfreundes an dem Kopf und zwar von bedeutender Grösse, und setzten dem armen Kinde gewaltig zu. Auch Masern sind auf Lussin häufig, Scharlach dagegen selten.

Trotz meines Fussübels war ich schon nach achttägigem Aufenthalt entschlossen, meinen sogleich Anfangs gefassten Plan auszuführen, und da mir in Lussin piccolo immer eine gute Ausbeute gesichert blieb, zunächst andere Localitäten der Insel und andere Verhältnisse kennen zu lernen; ich quälte mich über die Höhe nach St. Martino und bestieg hier mit meinem Fischergeräth gegen Abend eine Barke, die mich nach Lussin grande bringen sollte. Da es in dieser Stadt, wie erwähnt, kein Gasthaus giebt, so musste vorher für ein Unterkommen in einem Privathause gesorgt werden, und Signore Francesco Craglietto hatte sich zu meiner Aufnahme bereit gezeigt. Die Miethen sind hier wohlfeil, bei einem nur sehr mässigen Einkommen bewohnte er mit seiner Schwester ein gewaltiges Haus, il palazzo genannt, das in der That in seinen Räumlichkeiten und seiner Leere an einen verlassenen venetianischen Pallast erinnerte, aber ein günstigeres Arbeitslocal hätte ich mir auch hier nicht wünschen können, ein grosses lichtes Zimmer, an das ein offener, auf's Meer sehender Corridor stiess; von ihm führte eine Hintertreppe in die Küche und einen Hof, in dem man ganz bequem das Zerschlagen der aus dem Meer zu hebenden Steinblöcke vornehmen konnte. Zwar schlossen Thüren und Fenster nur nothdürftig, doch wozu bedurfte es mehr? Wir befanden uns ja in der heissesten und trockensten Jahreszeit. Allein der Himmel, der sich schon bei meiner Abfahrt umdüstert hatte, entlud sich über Nacht in einem anhaltenden und von so furchtbaren Windstössen begleiteten Gewitter, wie ich es nur selten erlebt. Durch den alten Pallast zog ein Wehen, ein Heulen, ein Rütteln der schwachen Thüren, dass ich lange an ihrem Widerstande zweifelte, bis mich der Schlaf übermannte. Auch im Uebrigen war für mich vortrefflich gesorgt, schwerer hatten es meine Marinari, die, weil es wohlfeiler war, vorzogen, jeden Tag nach Lussin piccolo zurückzukehren und am andern Morgen sich bei guter Zeit bei mir zu melden.

Lussin grande mit seinen etwa nur 2000 Einwohnern steht weit hinter der Schwesterstadt zurück, es verhält sich zu ihr wie Venedig zu Triest, sein Verkehr ist nicht lebhaft, die Zahl seiner Schiffe gering, aber es hat etwas romantisches. Auch dies Städtchen erhebt sich auf schnell ansteigenden Höhen um einen freilich äusserst winzigen, schmalen, gegen Norden geöffneten Hafen, an dessen Ende eine Piazza von den kleinsten Dimensionen, aber sogleich am Eingang dieses Hafens begrüsst den Ankommenden eine stattliche von einem mit Quadern gepflasterten Hofe und hohen Cypressen umgebene Kirche in römischem Styl, auf dem entgegengesetzten westlichen Ufer, halb unter Häusern versteckt, ein alter, aus jener Zeit, wo man noch Ueberfälle der Croaten befürchten musste, herstammender runder Thurm mit breiter Mauerkrone. Hinter der Kirche auf zahlreichen Stufen stieg ich zu meinem Palazzo empor, der sich vom Meere aus schon in weiterer Ferne bemerkbar macht. Die unansehnlichen Strassen des Ortes — denn auch in den breitesten können nicht mehr als 4 Personen neben einander gehen — werden zum geringsten Theil von den Häusern selbst, in der Regel von niedrigen zu einem kleinen Hof gehörenden Mauern umgeben, und auf diesem mit Quadern gepflasterten, durch eine Einfassung von Gesträuch und einzelnen Bäumen gartenartigen Hofe erhebt sich das Haus. Bei manchem ist das Steinpflaster durch wirkliches Gartenland ersetzt. Diese Einfriedigung und Abgrenzung der Gebäude verleiht ihnen selbst bei kleineren Dimensionen eine gewisse Stattlichkeit und erweckt den Eindruck eines in sich zurückgezogenen Familienlebens der Bewohner. Ich erinnere mich namentlich eines solchen hofartigen grösseren reizend angelegten Gartens der Familie Bussanich; auch das Innere des Hauses zeigte von vielem Geschmack, der Besitzer war ein weit gereister Mann, und eine kleine selbst zusammengebrachte Conchyliensammlung in zierlichem Glasspind erinnerte ihn täglich an seinen Aufenthalt am Rothen Meere. Auch aus meinem Fenster gegen Südost sehe ich auf Gärten, die jedoch nicht mit Ziergewächsen geschmückt sind, sondern nur, was das Haus verlangt, liefern, aber der gewaltige Blüthenschaft einer Agave, gewiss 17 Fuss hoch und darüber, ein stattlicher Citronenbaum und weiterhin der über eine Mauer vorragende Gipfel einer Dattelpalme vernichten wiederum diese Prosa, und geben der Aussicht eine höhere Weihe. Die Erinnerung an ein Nachbarsgärtchen mit einem Capernstrauch und vielen sorgsam gepflegten Nelkentöpfen ruft mir das Bild seines ewig heiteren und lachenden Besitzers, des alten Signore Stoflich, hervor. Er war ein warmer Lobredner der Seidenzucht, auf die man hier in neuester Zeit vielfach das Augenmerk richtet; man verkauft das Pfund Cocons (Galetta) für 3 Gulden, das Pfund Seide für 8 bis 10 Gulden. Auch die Töchter des Dr. Nicolich trieben Seidenzucht und zwar im eigenen Hause; sobald der Mai nahte, wurde der oberste Raum desselben dazu eingerichtet, und so durch eine hübsche Beschäftigung ein kleines Taschengeld erworben. Das Ende der Piazza schliesst ein einziges Haus, das Bureau des Lloyd, dessen Agent, Herr Thomaso Lewa, mir auf's freundlichste seine Dienste anbot; nicht weit davon liegt das Café und Casino, es hält ausser dem Osservatore di Trieste freilich nur noch eine Zeitung, verlangt aber auch nur einen Jahresbeitrag von 3 Gulden.

Auf dem Casino treffen sich nur Männer, der Umgang mit Damen beschränkt sich auch während des Winters bloss auf das Privatleben.

An einer der äussersten Grenzen der Stadt, auf der Höhe gegen Süden, liegt eine kleine Kirche, bis zu der man vom Hafen aus 20 Minuten emporsteigt; hier gewinnt man eine besonders bei Abendbeleuchtung reizende Aussicht auf die unten sich ausbreitende Stadt, das Meer, die kroatischen Gebirge im Osten und den auf dem Nordende der Insel gelegenen Monte Ossero. Noch viel umfassender muss sie auf dem im Westen von Lussin grande bis zu 800 Fuss sich erhebenden kammförmigen Monte Calvario di St. Giovanni sein, allein mein kranker Fuss gestattete mir nicht, seine Besteigung zu versuchen. Dagegen wanderte ich manchmal bis zu dem grossen Pozzo communale, dem von gewaltigen Akazien beschatteten, mit Steinbänken umgebenen Brunnen der Stadt, einem Schatz, den sie vor Lussin piccolo voraus hat, und erfreute mich hier an dem Zusammentreffen der Bewohner aus der Nähe und Ferne. Neben diesem existirt noch ein zweiter kleinerer Brunnen.

Belohnend ist auch der Besuch der Cathedrale, denn man erwartet in einer so kleinen Stadt nicht eine so reiche Ausschmückung des Inneren mit Marmoraltären, Sculpturen und guten Bildern der venetianischen Schule. Man schreibt eines derselben dem Vivarini, ein anderes, eine Madonna addolorata, dem Tizian zu; ein Basrelief, die Madonna mit einem Heiligen darstellend, soll von Sansovino, dem Erbauer der venetianischen Procuradieen herrühren, und die schöne Statue einer Madonna von Canova gemeisselt sein. Jedenfalls hat der Ankauf dieser Kunstwerke grosse Summen gekostet, und zeugt von dem Gemeinsinn und der Wohlhabenheit der Lussinesen. Aber die ungünstigere Lage ihres Ortes erlaubt ihnen nicht, mit der Schwesterstadt gleichen Schritt zu halten, und die jetzige Zahl ihrer Schiffe ist nicht bedeutend, obwohl einige darunter sich durch Grösse auszeichnen sollen. Der Hafen ist zu wenig geräumig, um viele Fahrzeuge zu beherbergen, der Zugang zu ihm, wie er selbst, ohne Schutz gegen die Bora, die diese Küste mit Heftigkeit bestreicht, während Lussin piccolo durch den Gebirgskamm im Osten gegen dieselbe gesicherter ist. Auch während meiner Anwesenheit hatte ich oft ein bewegtes Meer, mitunter waren Excursionen gar nicht auszuführen, und man kann Lussin grande einen in dieser Hinsicht weniger begünstigten Ort nennen.

Vor dem Hafen von Lussin grande betrug die Tiefe etwa 17 bis 20 Faden, aber gewöhnlich gingen meine Fischer weiter hinaus, östlich vor den Buchten Valle Iacovla und Val d'Arche, oder noch weiter nördlich vor St. Martino; während in diesen Buchten selbst die Tiefe nicht mehr als höchstens 17 Faden betrug, stieg sie vor den Eingängen in dieselben bedeutend höher, und noch weiter hinaus war sie in der Regel nicht unter 30 Faden, also viel bedeutender als im Hafen von Lussin piccolo, ja sogar 35 und 37 Faden, und der Meeresboden meistens mit Bruchstücken von Conchylien bedeckter Fels, seltener Letten. Demnach trug die Ausbeute von diesen tieferen Localitäten grösstentheils einen andern Charakter. Vor allem gab es hier mehr Krabben: Inachus thoracicus, Pisa corallina, P. Gibsii, den überaus seltenen Lambrus Massenae, Eurynome aspera (scutellata Riss), Portunus depurator (plicatus), Ebalia Bryerii, Ethusa Mascarone; von Lissa chiragra, deren Vorkommen Heller auf 30 Faden angiebt, fand man ein kleines Exemplar schon bei etwa 17 Faden; hierher reicht auch nach den Untersuchungen von Lorenz die östliche Grenze des wegen seines Vorkommens so interessanten, vielfach auf den Markt nach Lussin piccolo gebrachten Nephrops norvegicus, während seine südliche nordwestlich von St. Martino auf der Ostküste der Insel Cherso abgeht. Von Isopoden begegnete mir hier zuerst der auffallende Anceus forficularius. Ebenso spielten die Korallenthiere eine bedeutendere Rolle: Balanophyllia italica, Cariophyllia cyathus, Cladocora stellaria (auch schon im Val d'Arche selbst vorkommend), die man alle lebensfrisch erhalten konnte, Gorgonia Bertoloni, an der wiederum Sympodium corallioides haftete, Alcyonium palmatum, von den Fischern Mano di St. Pietro genannt, und die stets auf schlammigen Boden deutende Pennatula phosphorea. Aus den Tiefen von 32 bis 37 Fuss vor Val d'Arche bekam ich dieselben mennigrothen leicht zerreissbaren Schwämme, die ich von Muggia bei Triest her kannte, wahrscheinlich Clathria compressa.

Unter den Seeigeln zeigten sich ganz andere Formen: Spatangus meridionalis und Schizaster canaliculatus, obwohl ich sie meist nur in Bruchstücken erhalten konnte, vor allem aber der stattliche Echinus melo, den mir die hier wohnenden und jetzt hauptsächlich mit dem Fange von Gadusarten beschäftigten Chioggioten in zahlreichen Exemplaren brachten. Seltener begegneten mir Echinaster sepositus, den ich im Hafen von Lussin piccolo nie erhalten hatte, Ophioderma longicaude, Ophiura texturata und albida, und einmal nur die schon an ihrer Olivenfarbe von Holothuria tubulosa zu unterscheidende Holothuria Catanensis. Die Molluskenfauna bot mir folgende bei Lussin piccolo nicht gefundene Arten: Leptoclinum rubellum, Pecten varius, P. hyalinus, die schöne an der dalmatischen Küste nicht seltene Venus fasciata, Pandora flexuosa (?), Psammobia costulata, Tellina donacina, Lucina spinifera, L. fragilis, Bulla mammillata, Chiton variegatus, Natica macilenta, Cypraea europaea, Ovula adriatica, von den Fischern im Gegensatz zu den Dattoli di grotta (Modiola lithophaga) mit dem Namen Dattoli di fango belegt, Pleurotoma Philberti, Cassidaria thyrrhena, Dolium galea, von dem ich aber leider nur Schalen zu sehen bekam, und die grosse Doris tuberculata. Als mehr oder minder charakteristische Anneliden für die Fauna von Lussin grande betrachte ich: Aphrodite aculeata, welche die Chioggioten nie anders als non ti vedo bezeichneten. Polynoë elegans, Sigalion Idunae, Onuphis tubicola, Oxydromus fasciatus, Syllis hyalina, Terebella turrita, Myxicola infundibulum, Sabella oculata; eine neue sehr interessante und schön gezeichnete Sabella (S. caudela). deren Kiemenfäden an der Spitze ein breites zusammengeklapptes Blättchen tragen, von der ich jedoch nur 1 Exemplar erhielt, und Phascolosoma Bernhardus kamen auch in etwas weniger tiefem Wasser vor. Neu war eine Nemertine, die sich vielleicht am ersten zur Gattung Cerebratulus (i. S. v. Qfg.) bringen lässt (C. croceus).

Dagegen wiederholten sich in diesen Tiefen von 25 bis 37 Faden auch viele im Hafen von Lussin piccolo beobachtete Thiere, wie Astropecten pentacanthus, Alecto europaea, Echinus brevispinosus, Echinocyamus pusillus, Pecten Jacobaeus, P. opercularis, Lima tenera, Cardium papillosum, Trochus crenulatus, Murex trunculus, Typton spongicola, Aphrodite hystrix (hier häufiger), Polynoë cirrata, Eunice Harassii, E. vittata, Staurocephalus rubrovittatus, Nereis Costae, Dasybranchus caducus, Terebella lutea, Polycirrus aurantiacus, Protula protensa, Serpula echinata.

Aus geringeren Tiefen von 17 bis 20 Faden, mit denen man sich bei bewegterem Meere begnügen musste, brachten mir meine Marinare: Pagurus Lucasi, Polynoë cirrata, Eteone siphodonta, Vermilia clavigera, Cerebratulus spectabilis, Holothuria Stellati, Echinocyamus pusillus, Alecto europaea, Astropecten pentacanthus, Dentalium dentalis, Pandora rostrata, Cynthia fusca, Phallusia intestinalis, Eurynome scutellata, und in Uferseinen fanden sich: Terebella viminalis, Sabelia saxicola, Heterocirrus saxicola, Phascolosoma verrucosum.

Die Küste bei Lussin grande bildet gar keine etwas ansehnlicheren und namentlich tieferen Buchten. Val d'Arche ausgenommen: nach dieser Richtung, wie erwähnt, bis gegen St. Martino hin erstreckten sich daher auch fast alle Excursionen: nur bei ruhigerem Meere als in diesen Tagen wäre es räthlich gewesen, nach dem Südende von Lussin und der kleinen Insel St. Pietro di Nembi zu fahren. An dem Landwege nach Lussin piccolo geht man etwa 2 Stunden. Er führt immer längs der Küste, die Bucht von Val d'Arche umziehend, bis er sich mit der Strasse von St. Martino vereinigt und die Höhe auf der Mitte der Insel übersteigt. Ich wandelte zuweilen diesen von Lussin grande aus langsam steigenden und angenehm zwischen Weingärten und Gesträuch führenden Weg in der Abendstunde zu meiner Erholung, habe aber

2*

nie bemerkt, dass die Einwohner ein ähnliches Bedürfniss gehabt hätten, und doch giebt es keinen andern, der ihm an Bequemlichkeit gleich käme; der Boden ist überall mehr oder weniger mit Geröll bedeckt und insofern nirgend zum Gehen einladend, eben so wenig ist das Meer bei Lussin grande für den Nichtschwimmer zum Baden geeignet; das Leben scheint sich hier ganz in das Innere der Häuser zurückzuziehen, es herrscht überall die grösste Stille und nur die Ankunft der vom Fischfang zurückkehrenden Barken, der hier wohnenden Chioggioten bringt einige Bewegung hervor. Das Leben bei Herrn Craglietto sagte mir wegen seiner Stille und Regelmässigkeit ebenso zu als die Küche, die wie überall in diesen Gegenden die italienische ist, für eine sitzende Lebensweise geschaffen war. Citronen, Cipolle, Pomidori liefern die Zuthaten zum Rindfleisch, das selbstverständlich auf einer Felseninsel wie Lussin nicht von besonderer Qualität sein kann. Feinere Gewürze und zusammengesetzte Speisen kennt man wenig, die Frauen scheinen sich nur in ihren Backwerken auszeichnen zu wollen, unter denen die Buzie di donne obenan stehen. Die Hauptnahrung besteht in Reis und Fischen. Molo (Merlangus vulgaris), Sardelle, Trigle, Dentale (Dentex vulgaris), Canizzi (Serranus cabrilla), Albero (Sparus erythrinus), Angusigole (Belone vulgaris) und Agone (Atherina atherina), auch Raïa miraletus, dem ich aber keinen Geschmack abgewinnen kann. Tunfische und deren Verwandte, die sonst ihres derberen und kräftigeren Fleisches wegen eine so angenehme Abwechselung bilden, fehlten leider in diesem Sommer fast gänzlich. Neu war mir die Anwendung des Rosmarin zur Zubereitung von Fischen wie von Stuffato. Mit Rosmarin reibt man auch die Hasen aus, um ihnen, wie man sagt, ihren Wildgeschmack zu nehmen, und tischt sie dann mit einer Sauce von Rosinen und Mandeln auf.

Am 27. August kehrte ich mit guter Ausbeute nach Lussin piccolo zurück, und bereitete mich am nächsten Tage, während meine Marinari ihr Glück noch im Hafen versuchen mussten, auf eine neue Expedition vor, nach dem mir schon von Professor Lorenz dringend empfohlenen Neresine, einem Dorf an derselben Ostküste der Insel, aber ganz gegen Norden nahe Ossero gelegen. Hier verengt sich nicht nur das Meer zwischen Cherso und Lussin in auffallender Weise, sondern wird auch ungemein flach, während das breitere Becken zwischen Punta Croce auf Cherso und Privlaka bei St. Martino noch die ansehnliche Tiefe von 30 Faden und mehr besitzt. Schlägt man die Landstrasse nach Neresine ein, so braucht man mit einem Pferde etwa 6 Stunden, wählt man den Seeweg, so wandert man zunächst längs dem Hafen und dann rechts abbiegend über die hier flachere Landenge nach Privlaka in ungefähr

¾ Stunden und besteigt hier die Barke, die man in St. Martino bestellt hat. In dem Wunsche, mich über diese ganze Meeresstrecke zu orientiren, wählte ich letzteren, bekam noch bis Privlaka ein freundliches Geleit, und fuhr, von meinem gütigen Wirth mit einigen, wie ich bald empfand, sehr schätzbaren Erfrischungen versehen, um 8 Uhr bei dem ruhigsten Wetter ab. Vortreffliche Dienste that mir während der Fahrt ein gewaltiger nach Lorenz's Angabe verfertigter Sonnenschirm aus weissem Segeltuch, so gross, dass bequem 3 Personen darunter Platz hatten, denn schon in kurzer Zeit war der Sonnenbrand entsetzlich. Die kleine Tenda, die man ausspannt, nutzt, wenn die Sonne nicht sehr hoch steht, nur wenig und hält nicht die vom Wasser zurückgeworfenen Strahlen ab. Da wir hin und wieder das Segel zu Hülfe nehmen konnten, erreichten wir schon um 10½ Uhr Morgens den Ort, an dem ich, falls ich ein einigermassen erträgliches Unterkommen fände, mindestens 5 Tage zu arbeiten gedachte. Es handelte sich um die Wahl zwischen dem dortigen Kloster und dem einzigen Wirthshause, und ich hätte mich wahrscheinlich nicht für das letztere entschieden, weil ich in ihm die Unruhe des Verkehrs zu fürchten und in Folge dessen auf weniger Reinlichkeit zu rechnen hatte. Dennoch rieth mir Dr. Nicolich vom Kloster ab, es seien nur 2 Mönche darinnen, und es würde dort zu schlecht um den Lebensunterhalt aussehen. Als ich nun landete, und auf einem schmalen Steindamm fortgehend, mich, um das Wirthshaus zu erreichen, eine grosse Strecke vom Meer entfernen musste, und dann doch nur in ein Häuschen von den kleinsten Dimensionen trat, bedauerte ich schon meinen Entschluss, um so mehr, je einladender mich das geräumige, unmittelbar von den Wellen bespülte Kloster anschaute. Allein die Wirthin sah so freundlich und gutmüthig aus, und besann sich so wenig, mich aufzunehmen, dass ich es doch für gerathen fand, mir das in Aussicht gestellte Zimmer erst zu betrachten. Das war nun zwar nicht länger und breiter als 6 Schritte, ein Raum, dessen Hälfte noch ein gewaltiges Bett fortnahm; aber das Licht war bequem, es konnte von Ost und Süd einfallen und nach Belieben durch innere Laden abgesperrt werden, es herrschte grosse Reinlichkeit darin, und die Entschiedenheit, mit welcher sich die Wirthin dagegen sträubte, auf eine mit allerlei Nips- und Pseudonipssächelchen gezierte Nussbaumcommode, offenbar die Krone ihrer Mobilien, irgend etwas von meinen Gläsern und Instrumenten legen zu lassen, nahm mich vollends für diese Wirthin, Frau Helena Drasko, ein, und da auch ihre Forderung sehr mässig war und sie für Wohnung und Essen nicht mehr als einen Gulden täglich verlangte, wurden wir sehr bald Handels einig, und ich suchte mich in meinem bescheidenen Stübeben so bequem als möglich für die Arbeit einzurichten. Zwar sah es mit meinem Mittagstisch zuweilen kümmerlich aus, denn obwohl Neresine ein Ort von 800 Einwohnern und am Meer gelegen ist, wird hier so überwiegend Ackerbau getrieben, dass man nicht einmal täglich Fische haben konnte, noch weniger gab es Fleisch, man musste beides aus Ossero holen, mit dem kein regelmässiger Verkehr stattfand; hier tischte man nur Macaroni von der gröbsten Sorte auf, das Oel war nicht frisch, der Wein im Begriff anszugehen, und wenn nicht der gute Dr. Nicolich von Lussin piccolo aus für mich gesorgt und es nicht so vortreffliche Trauben und Feigen gegeben hätte, so wäre es manchesmal um mich schlecht bestellt gewesen. Wenn ich aber an die Ortschaften in Livland und selbst in Masuren dachte, in denen die Leute nicht satt zu essen haben, und der wandernde Naturforscher mit Kaffbrot, Kartoffeln und Fusel vorlieb nehmen muss, so hatte ich mehr Grund, über meine Verwöhnung zu lachen, als über Entbehrung zu klagen, und das Meer war so reich, die Landschaft so anmuthig, und die Leute schauten so heiter und wohlgemuth darein, dass man auch Schlimmeres willig ertragen hätte. Ueberdies war mein Asyl ruhig, ich wurde von keinen Neugierigen belästigt, selten nur kehrte ein Fremder ein, und eben so selten versammelten sich Leute aus dem Dorf in dem untern Raume des Wirthshauses. Wenige Schritte von meiner Wohnung lag ein offener Platz, auf ihm unter alten Maulbeerbäumen ein Brunnen, der Schatz von Neresine. Da traf sich das ganze Dorf: vor Sonnenaufgang schon kamen die entfernt wohnenden Frauen und Mädchen mit ihren Kupfergefässen auf dem Kopf, um Wasser zu schöpfen, und plauderten; von 8 und 9 Uhr ab ward es stiller und der Platz während des Sonnenbrandes fast verödet, dann aber strömte es wieder von allen Seiten hinzu, man schwatzte und scherzte, und ein alter fideler Kauz, mein nächster Nachbar, der mit einer wahren Stentorstimme gebrochen englische und französische Brocken hineinschleuderte, war der Vater der Dorfbörse. Während meines ganzen Aufenthalts in Neresine habe ich mit Ausnahme der Unterhaltung mit der Wirthin und meinen Marinaren nur illyrisch sprechen hören, so dass ich mich hier isolirter als anderswo fühlte.

Was nun das Ausbeuten des Meeres betrifft, so stehen hier, wie schon erwähnt, dem Zoologen die verschiedensten Tiefen zu Gebote, je nachdem man sich Ossero nähert, wo dann die Tiefe bald auf 12 und 10, weiterhin auf 8, 4 und 1 Faden sinkt, oder davon entfernt, und gegen Osten fahrend, die Mitte jenes grossen Meeresarms hält, der den Namen des Canale di punta croce führt und durch eine Wasserstrasse von wenigen Fuss Breite mit dem Meer nördlich von Ossero zusammenhängt.

Mustern wir zunächst die Tiefen von etwa 20—29 Faden, die sich am meisten den Localitäten von Lussin grande anschliessen, so stimmte vieles in der Thierwelt mit jener Fauna überein, so: Eurynome aspera (scutellata), Inachus thoracicus, Portunus depurator (plicatus), Typton spongicola, Anceus forficularius; Aphrodite hystrix, Polynoë elegans, Sigalion Idunae, Onuphis tubicola, Eunice Harassii, E. vittata, Staurocephalus rubrovittatus, Eteone siphodonta, Syllis hyalina, Polycirrus aurantiacus, Serpula infundibulum, Echinaster sepositus, Ophioderma longicauda, Ophiopsila aranea, Alecto europaea, Echinus melo, Echinocyamus pusillus (Fibularia tarentina), Schizaster canaliferus, Cladocora flexuosa, Balanophyllia italica. Fusus rostratus, Turbo rugosus, Leptoclinum rubellum. Manches andere dagegen aus diesen Tiefen war mir dort nicht begegnet: so Euphrosyne mediterranea, Phyllodoce Rathkii in den schönsten bis 11 Zoll langen Exemplaren, Psamathe fusca, Syllis nigricirris n. sp., S. variegata. Sclerocheilus minutus n. sp., Glycera tesselata n. sp. und Sabellides adspersa u. sp., letztere beide schon aus einer entfernteren Gegend bei Privlaka; dazu kommt von Crustaceen: Inachus scorpio, Maia verrucosa. Ebalia Pennanti, Pagurus Prideauxii, P. sculptimanus, Hippolyte Cranchii, von Mollusken: Tornatella tornatilis, Chiton siculus, Leptoclinum fulgens, (bei Privlaka), von Strahlthieren: Holothuria regalis, der prächtig weiss und blutroth gefärbte Asteriscus palmipes, Ophiomyxa pentagona, Actinia palliata (carciniopados) und A. effoeta, von Schwämmen: Esperia syrinx.

Den vollständigsten Gegensatz zu diesen tiefen Regionen bildet der ganz flache, mit Zosteren bewachsene Mörtelboden und grossentheils mit feinen grünen Algen moosartig überzogene Schlammgrund bei Ossero: in ihm lebten:

Conus mediterraneus, viele Rissoen (R. calathiscus, R. monodonta, R. elata u. a.), Lucina pecten, Gebios litoralis, Polynoë cirrata, Lumbriconereis Nardonis, Phyllodoce mucosa, Glycera alba, Heterocirrus multibranchis n. sp., Arenicola piscatorum, Notamastus lateritius, Clymene palermitana, Pectinaria auricoma, Terebellides Stroemii, Terebella turrita, Echinus microtuberculatus, auch kam hier Ophiomyxa pentagona vor.

An anderen flachen Stellen, in einer Tiefe von 8 Fuss, gab es auf felsigem Boden kleinere und grössere abgerundete, leicht zerbrechliche, mergelartige Kalkgerölle, wie sie Lorenz beschreibt, und Nulliporenballen von weisser und rosenrother Farbe, an oder in ihnen sassen:

Cerithium lima, C. mamillatum, Phasianella pulla, Natica pulchella. Chiton fascicularis, Ch. siculus, Venerupis Irus, Gastrochaena Polii, Euphrosyne mediterranea, Eunice vittata, Nereis Costae, Phyllodoce punctifera.

Eteone siphodonta, Syllis spongicola, S. variegata, Terebella viminalis, T. compacta, n. sp. T. lutea, T. turrita.

Xantho rivulosus, Pinnotheres veterum, Palaemon squilla, Ceradocus orchestipes, Anthurus Laurentianus, Nebalia mediterranea, Sphaeroma tridentulum n. sp., Anceus forficularius; Astropecten pentacanthus, Ophiura texturata (Ophiolepis ciliata), Ophiomyxa pentagona. Alecto europaea; aus eben dieser Tiefe wurde der zähe braunschwarze Sarcotragus spinulosus heraufgeholt, zwei andere Schwämme, die mit Recht den von O. Schmidt ihnen ertheilten Namen „Gummischwämme" führen, Chondrilla nucula und Ch. embolophora, und jene merkwürdigen, schleimigen Spongien, welche die Kalksteine durchlöchern, von denen sich eine durch ihr prächtiges Violet auszeichnete (Vioa Johnstoni), während die gewöhnlich vorkommenden (V. Hancocki, oder vielleicht Granti) mennigroth aussehen.

Aus den dazwischen liegenden Tiefen wurden heraufgebracht:

Von 8 bis 10 Faden (unterste Partie der IV. Region von Lorenz): Murex trunculus, Pecten Jacobaeus, P. sulcatus (?), Lima inflata, Arca Noae, Cardium papillosum, C. laevigatum, Petricola lithophaga, Corbula nucleus, Cynthia microcosmus, Phallusia mammillata, scharlachrothe Celleporen-Ueberzüge; Lambrus angulifrons, Dorippe Mascarone, Pinnotheres veterum, Alpheus Edwardsii; Aphrodite hystrix, Polynoë cirrata, Eunice vittata, Lumbriconereis coccinea, Phyllodoce Rathkii, Glycera tesselata, Syllis Zebra, Terebella viminalis, Protula intestinum, Serpula venusta, Echinaster sepositus Actinia effoeta und A. palliata (carciniopados).

Von 12 bis 16 Faden (obere Partie der V. Region von Lorenz): Aeolis inaequalis Dalyell (?), Typton spongicola, Colomastix pusilla, Cerapus latimanus n. sp.; Eunice vittata, Staurocephalus rubrovittatus, Tetraglene rosea n. sp., eine seltsame Annelide, von der sich später herausstellte, dass sie die Knospe einer Syllis-ähnlichen Thierform sei, Protula intestinum, Cerebratulus spectabilis, Astropecten bispinosus, A. aurantiacus und Cucumaria doliolum.

Eines Tages in der Frühe machte ich mich zu Boote nach der Stadt Ossero selber auf. Je mehr man sich Ossero nähert, desto flacher wird das Meer, und man glaubt auf einer unter Wasser gesetzten Wiese oder einem Moosboden zu fahren. Einen grösseren Gegensatz als die Orte Ossero und Neresine kann es auf so kurze Entfernung kaum geben. Es ist, als wenn eine böse Fee über Ossero ihren Fluch ausgesprochen hätte! Unter lauter Trümmern und wüsten Plätzen spärliche Häuser, die sich mühsam zu ein paar Strassen zusammenordnen und gegen die eine stattliche Kirche und ein grosser Pallast einen grellen Contrast bilden. Alles verlangt hier nach dem Segen des heiligen Gaudentius, der einst an dieser Stätte als Bischof thronte, und dessen Bildsäule noch an dem Eingange der Kirche prangt, aber in irdischen Dingen scheint dieser Segen sich nicht bethätigen zu wollen. Nur von einer Wunderwirkung des heiligen Gaudentius habe auch ich sprechen gehört: die Steine aus der Höhle des Monte Ossero, in welche derselbe sich als Einsiedler zurückzog, sollen, wenn man einen Ort mit ihnen umkreist, alle giftigen Thiere davon abhalten, auch schreibt man es ihm zu, dass auf Lussin keine Giftschlangen vorkommen. Dass diese wirklich fehlen, ist mir von gebildeten Personen versichert worden.

Ich machte zuerst einen Rundgang innerhalb der verfallenen Stadtmauer, ohne einem Menschen zu begegnen; nur eine Schlange, die in einer Vertiefung derselben ihre Nachtruhe gehalten hatte, ward durch meine Annäherung aufgestört, und entzog sich langsam meinen Blicken. Weiter dann in das Innere der Stadt die Schritte lenkend, erblickte ich kaum 3 oder 4 Bewohner in den kleinen zwischen den Häusern gelegenen Gärten, unsauber und krankhaft aussehend. Das Fieber ist es, das hier seinen Sitz aufgeschlagen und den zur Zeit der venetianischen Herrschaft noch blühenden Ort, nachdem er durch die Kämpfe mit den Genuesern hart gelitten und gesunken, allmählich so entvölkert hat, dass er jetzt wohl nicht mehr als 150 Menschen zählt. Von seiner früheren Grösse und Bedeutung zeugen die noch hin und wieder an Mauern erhaltenen Familienwappen, die verfallene alte Kathedrale St. Maria degli Angeli, die Ruinen der Kirche St. Pietro ausserhalb jener Mauer, besonders aber die Trümmer einer zweiten viel weiter hinausgerückten Stadtmauer. Von jenen Kirchen existiren noch die sehr bedeutenden Vermögen, deren Einkünfte den Seminarien in Zara und Görz zufliessen sollen. Gegen Osten an dem kleinen Hafen liegt ein Franziskanerkloster, das zwar noch wohnlich aussieht, aber gänzlich verlassen sein soll. Gern hätte ich den Arzt, der hier zu wohnen genöthigt ist, Dr. Fonda, kennen gelernt, um mich über die hiesigen Verhältnisse näher zu unterrichten, doch fand ich ihn nicht zu Hause; nach allem, was ich hier erblickte, konnte ich ihn nur bedauern, denn wenn auch die wenigen, von einem gleichen Schicksal betroffenen Domherren, wie man mir sagte, ganz zurückgezogen leben, wo kann er ausser dem Podesta noch einen Umgang finden? Die stattliche Kirche, in der die Domherren ihr Amt versehen, besitzt ein schönes Altarbild, Marmordenkmäler und andere Kostbarkeiten, aber wie wenig passen sie zu den traurigen Umgebungen und der Armuth der Stadt. Man sehnt sich, sie zu verlassen, und eilt zu dem mit dem Marcuslöwen geschmückten Westthor und zu der Lussin und Cherso verbindenden Brücke, um ein gesegnetes Land zu betreten, denn so darf man mit Recht das Gebiet von Neresine nennen. Das Meer ist hier so schmal, dass man mit wenig Schritten hinüber ist. Man sagt, dass beide Inseln in ältester Zeit ein Isthmus verbunden habe, und nach seinem Durchstich längere Zeit auch grössere Fahrzeuge den Kanal passiren konnten; jetzt beträgt die Tiefe an der Brücke kaum 4 Fuss, und die kleinen Schiffe, die diesen Weg wählen, dürfen nicht beladen sein. Diese Brücke ist das einzige, was die Schüsse der im Norden postirten französischen Schiffe im Jahre 1859 beschädigt haben. In einiger Entfernung nördlich von der Brücke am Ufer von Lussin war eine Warte für den Tunfischfang aufgestellt, und die Mannschaft gerade beschäftigt, hinauszufahren und das Netz zu ziehen; gern hätte ich dies mir wohlbekannte Schauspiel noch einmal angesehen, allein ich musste an den Rückweg und die stündlich steigende Hitze denken. Schreitet man über die Brücke, so hat man bei der Enge des Canal di punta croce wenig mehr als den stattlichen Monte Ossero und den Anfang der nach Neresine führenden durch die Telegraphenstangen bezeichneten Strasse vor sich; so weit die Abendsonne den Schatten des Berges wirft, sagte mir Professor Lorenz, erstreckt sich auf der Lussiner wie auf der Chersoner Küste das Fieberterrain: erst wenn man eine gute Strecke fortgeschritten ist, verbreitert sich die Wasserfläche, und mit Wohlgefallen weilt der Blick auf dem buschigen Geländ des weit vom Meer bis zum Fusse des Monte Ossero ausgedehnten Neresine. Die breite und stellenweise auch weniger steinige Strasse, welche den Ort durchschneidet, beginnt bei Lussin piccolo, führt über Chiunski und St. Jacomo, setzt sich über Ossero nach Cherso fort, läuft in entsetzlicher Eintönigkeit und Oede viele Stunden durch diese Insel und endet bei der Stadt gleiches Namens. Will man nicht auf engen, im Dunkel schwer passirbaren Wegen — und ich kam selten vor Sonnenuntergang zur Erholung — gegen den Berg hinansteigen, so bleibt keine Wahl, als auf dieser Strasse seinen Spaziergang zu machen, und ich empfand immer eine wahre Erquickung, zwischen diesen mit blühenden Myrten und anderem üppigen Grün umwucherten Felsblöcken, hinter denen hier und da neugierig eine Ziege hervorguckte, umherzuwandeln und den Blick über die blaue Meeresfläche schweifen zu lassen, bis Farbe und Glanz im Dunkel verlöschten. St. Jacomo, den ersten Ort auf dieser Strasse, sah ich oft schon ganz nahe vor mir liegen, konnte es aber nie erreichen, weil es zu spät wurde, und man sich der Abendluft hier nicht zu lange aussetzen darf, auch duldete meine Wirthin in Neresine nie, dass ich über Nacht ein Fenster geöffnet liess. Olivenpflanzungen habe ich hier nicht bemerkt, wohl aber hin und wieder Weingärten und zahlreiche Feigenbäume.

Meine Marinari, die an jenem Tage, um mir noch grössere Quantitäten Schlamm zu bringen, zu Bote zurückkehren mussten, und die sonst nie klagten, meinten doch, das wäre die schwerste Arbeit, und fühlten sich von der Hitze und der Ausdünstung des aufgewühlten Schlammes ganz krank. Diesen Schlamm gehörig abzuspülen, um seine Bewohner kennen zu lernen, war die langweilige Arbeit von ein paar Stunden, und doch hatte ich nicht einmal die Freude, alle in ihm enthaltenen Anneliden unversehrt zu gewinnen: fast allen Clymenen und den meisten Lumbriconereis fehlte das Hinterende. Während ich damit beschäftigt war, tönte der Hufschlag von 2 Pferden heran, und vor mir hielt ein Mann aus Cherso, der sich meiner sogleich von meinem dortigen Aufenthalt her erinnerte; er machte den zweitägigen Ritt von Cherso bis nach Lussin, um sich hier an der Deputirtenwahl für den Landtag zu betheiligen, welche Lussin piccolo in zwei Lager gespalten hatte; ein rühmlicher Beweis für die eifrige Theilnahme an dem Gemeinwesen auch auf dieser entfernten Insel.

Am 6. September erst verliess ich das freundliche Neresine, das mich so viel länger gefesselt, als ich mir anfänglich vorgenommen, und erreichte, durch die vollkommene Windstille allein auf's Rudern beschränkt, erst nach 4 Stunden bei schon einbrechender Dunkelheit Lussin piccolo, aber auch diesmal nicht, um dort zu bleiben, sondern in der Absicht, sobald ich meinen Fang von Neresine zweckmässiger zusammengepackt und dadurch leere Gläser für die Aufnahme der neu zu erwartenden Ausbeute geschafft, einen vierten günstigen Küstenpunkt aufzusuchen. Zu dieser neuen Station verhalf mir der Umstand, dass ich Herrn Dr. Nicolich dann und wann nach dem Casino begleitete, in welchem sich gegen Abend ein kleiner Kreis von befreundeten, der liberalen Partei angehörigen Männern zu traulicher Unterhaltung zu versammeln pflegte. Unter ihnen befand sich auch Herr Terabocchia, ein gemüthlicher, lebhafter Herr, der, als er von meinen an so verschiedenen Punkten fortgesetzten Untersuchungen hörte, an mich die Frage richtete, ob ich nicht auch auf seiner Campagna Crivizza einige Tage verweilen und dort mein Netz auswerfen wollte. Da diese Besitzung auf der Westküste der Insel lag, auf derselben, auf der ich in Cigale vergeblich festen Fuss zu fassen versucht hatte, so nahm ich sehr gern dies Anerbieten an, und da er am 9. September selber mit seiner Familie auf einige Tage dorthin aufbrechen wollte, beschloss ich sogleich, ihn dann zu begleiten. Ich liess meine Barke nach der Bucht von Cigale fahren, während ich den Landweg dahin einschlug. Auf dieser Seite ist die Stadt und die Aussicht auf sie und ihren Hafen wie die Umgebungen am freundlichsten. Sobald man sie verlassen hat, geht man nur zwischen Oliven- und anderen Gärten, von denen mir einer durch seine Grösse und Stattlichkeit besonders auffiel. An der nächst gelegenen kleinen Kapelle bestieg ich das Boot und fuhr längs einer steilen nur mit zwei flachen Buchten versehenen Küste nach 2 Stunden in eine dritte schmälere und etwas tiefer einschneidende, an deren Ende der Ort meiner Bestimmung lag, nicht ein Dorf mit einer grösseren Besitzung, wie ich mir vorgestellt hatte, sondern ein einzelnes Häuschen, versteckt unter Olivengärten. Hier wartete unserer bereits der Sohn meines Gastfreundes, ein Schiffskapitain, der in dieser Bergeinsamkeit, von Niemand belauscht, mit seiner jungen Frau die Flitterwochen verlebte. Er verstand sich vortrefflich auf's Angeln und Netzestellen, selten fehlte es ihm an Fischen oder Hummern, alle übrigen Lebensmittel wurden von einem Diener zwei Stunden weit aus Lussin grande herbeigetragen, und dabei musste derselbe noch fast die ganze Höhe des beide Orte trennenden Bergrückens übersteigen. Obwohl wir mit mancherlei Proviant versehen unseren Einzug hielten, konnte man bei der grösseren Zahl der Häupter doch jener Aushülfe nicht entbehren; es gab keinen näheren Ort, der etwas Essbares dargeboten hätte. Die Einrichtung des Hauses war die einfachste von der Welt und bei dem beschränkten Raum so zweckmässig, dass ich noch ein kleines Zimmer für mich haben konnte. In zwei anderen schlief die Familie, auf Divans, die längs den Wänden liefen, und aus deren Innerem eine erstaunliche Menge der verschiedensten Dinge zu Tage gefördert wurde, und im unteren Geschoss neben der Küche und in offener Communication mit ihr befand sich das gemeinschaftliche Speisezimmer, in dem zugleich ein gemauerter Behälter für das Oel und ein grosses Holzgefäss für den zu gewinnenden Most angebracht war, denn die Weinlese stand vor der Thür, und zu dieser eben war Herr Terabocchia herausgekommen. Alles, was ich sah, rief immer nur von neuem den Gedanken hervor, wer würde bei uns auch nur annähernd mit einer solchen Campagna zufrieden sein, und in welche Abhängigkeit haben uns unsere Bedürfnisse versetzt! Aber freilich diente sie immer auch nur für wenige Tage zum Aufenthalt, nicht länger, als die Olivenernte im Winter und die Weinernte im Anfang des September erfordern. Ausserdem lockt auch wohl die Lust am Fischen oder einer und der andere Feiertag den Besitzer hierher; jeder solche Aufenthalt ist ein wahres Fest für die Familie. Sehr ausgedehnt und mit grosser Sorgfalt angelegt sind die Olivengärten, nicht bloss schmale Terrassen mit Anpflanzungen, sondern auch grössere Flächen. Es stehen hier an 2000 Bäume, die einen Ertrag von 40—50 Barile Oel geben. Zwischen diesen Plätzen, wie sich der Raum eben eignet, liegen die Weingärten. Hier kriechen die Reben nicht wie auf Cherso am Boden, sie dürfen nicht mehr die Macht der Bora scheuen und steigen in die Höhe. Anderes Obst gab es nicht. Unter den Annehmlichkeiten meines hiesigen Aufenthalts vermisste ich nur eine, die Möglichkeit, einen eigentlichen Spaziergang zu machen. Denn wenn man nicht sogleich stark bergan steigen und auf sehr steinreichen Wegen gehen wollte, musste man sich entweder in den Olivenpflanzungen bewegen, wo die Aeste fortwährend Demuth predigten, oder einen Weg von nur einigen hundert Schritten einschlagen, der sich auf dem schmalen Ufervorsprung, mehre Fuss hoch über dem Meere, mühsam zwischen gewaltigen Felsblöcken durchwand, auch führte er nur längs der Südseite der Bucht; und um dahin zu gelangen, musste man erst eine Reihe von Steinstufen heruntersteigen. Dagegen hatten meine Marinari nicht über Mangel an Bewegung zu klagen: die Unmöglichkeit, in unserer Behausung oder auch nur irgendwo auf eine Stunde Entfernung die Nacht zuzubringen, nöthigte sie, jeden Tag nach Lussin piccolo zurückzukehren, und da die Wasserfahrt noch mehr Zeit als der Landweg erforderte, und es jedenfalls uns anderen von Nutzen war, die Barke öfters in Crivizza zu behalten, zogen sie trotz seiner Beschwerlichkeit den Landweg vor: ich suchte es so einzurichten, dass ich sie bald nach 4 Uhr Abends entliess, dann konnten sie Früh um 7 Uhr sich schon wieder zu meiner Verfügung stellen. Es trug nicht wenig zur Förderung meiner Arbeiten bei, dass ich mit so rüstigen, immer unverdrossenen Leuten zu thun hatte. Die Tagesstunden von 10 bis 1 und von 3 bis 4 Uhr gingen fast regelmässig mit dem Sortiren und ersten Durchsehen der Ausbeute hin, die übrige Zeit war zum Beobachten und Niederschreiben des Beobachteten bestimmt. Crivizza bot den grossen Vortheil dar, dass das offene Meer hier leichter als anderswo zu erreichen war, und zugleich für weniger stilles Wetter die kleine Bucht noch einige Beschäftigung möglich machte, obschon sie lange nicht die Mannigfaltigkeit des Thierlebens, wie der Hafen von Lussin piccolo besitzt, dem sie auch an Tiefe nachsteht.

In ihr wurde gesammelt auf $4\frac{1}{2}$ Faden Tiefe: Doris Villafrancana, Cynthia prunum, Cypridina mediterranea, Eunice Harassii, Cirrhatulus Lamarckii, Terebella compacta n. sp., Sabella Spalanzanii, Phascolosoma vulgare, Alecto europaea, und auf 10 Faden: Doris coerulea, D. testudinaria, Turbo rugosus, Murex brandaris, welche letztere beide sonst erst bedeutend tiefer vorzukommen pflegen. Murex truncnlus, ferner in Corallinenmassen und weissen, derben, stachligen Schwämmen (Esperia massa): Eunice Harassii, Nereis Costae, Terebella viminalis, dann ein grünlich brauner weiss geringelter Cerebratulus, den ich zu C. geniculatus rechnen möchte, Ceradocus orchestipes, Homarus marinus, Echinaster sepositus und eine Actinia, deren Färbung an meine A. Zebra erinnert; auf 1 Faden Tiefe nahe dem Ufer fanden sich in Steinen, wie gewöhnlich: Polynoë clypeata, Eunice siciliensis, Staurocephalus rubrovittatus, auch Phyllodoce (Eulalia) viridis, Heterocirrus saxicola und Phascolosoma verrucosum. Aus dem Schlunde einer Scorpaena (Sc. scropha), die mein freundlicher Wirth von einem Netzzuge im Hafen mitgebracht hatte, erhielt ich einen erst vor Kurzem von Schmarda entdeckten Blutegel, die Pontobdella oligothela, und derselbe kleine Hafen verhalf mir ganz zufällig zur Erwerbung von mehreren guten Exemplaren von Cypraea lurida. Ein paar arme Leute aus Istrien, denen ein Hagelschlag die ganze Ernte vernichtet und die die Noth getrieben hatte, Badeschwämme an der dalmatinischen Küste zu suchen, liefen in diese Bucht ein, um hier eine Nacht zu ruhen. Sie waren bereits auf der Rückkehr, ohne ihren Zweck befriedigend erreicht zu haben, und hatten dort jene Conchylien erbeutet, die auch von Heller bei Lesina gesammelt waren.

Das aber, worauf ich recht eigentlich ausging, waren die Tiefen von 27—30 Faden, wie sie sich im offenen Meer vor der Bucht von Crivizza und vor der benachbarten südlich gelegenen Bucht von Balvanida fanden, hier stiegen sie sogar bis auf 32 und 37 Faden. Diese Netzzüge verschafften mir meist zahlreiche Exemplare von Codium bursa und ausser den gewöhnlichen oder schon von Neresine oder Lussin grande aus erhaltenen Bewohnern solcher Tiefen, wie Doris tuberculata, Pleurobranchus aurantiacus, Marsenia perspicua, Cypraea europaea, Murex brandaris: Pisa corallina, Inachus thoracicus, Anthurus Laurentianus, Anceus forficularius, Aphrodite hystrix, Polynoë cirrata, Euphrosyne mediterranea, Phyllodoce Rathkii, Syllis spongicola, Sclerocheilus minutus, Protula Rudolphii, Vermilia infundibulum, Cerebratulus crassus, C. spectabilis, Holothuria regalis, H. (Sporadipus) glaber, Ophiopsila aranea, Pectinura Forbesi u. a., auch noch mehrere, zum Theil noch gar nicht gekannte Thierformen, nämlich:

Cypraea pyrum, Eulima polita, Doris Villafrancana, sonst viel näher der Oberfläche, Botrylloides rosaceus Sav. (?), Botryllus Baeri n. sp., Amarucium albicans, Leptoclinum Listerianum. Polynoë longisetis n. sp., Dromia Rumphii, Eunice Harassii (noch nie so tief gefunden), Hesione pantherina, Syllis brevicornis n. sp., Dasybranchus caducus, Clymene spathulata, Phyllochaetopterus gracilis n. sp., Terebella nebulosa im Melobesienkalk, Sabella stichophthalmos n. sp., S. imberbis n. sp., S. viola n. sp., S. fragilis n. sp., Borlasia carmellina und eine sehr ausgezeichnete Planarie: Proceros sanguinolentus.

Vergleiche ich hiemit das Verzeichniss der Thiere, welche ich bei 21—33 Faden Tiefe aus der Gegend des offenen Meeres vor der Bocca grande und falsa und bei 31—33 Faden vor Cigale (hier häufig mit Codium bursa und Spongien) erhielt, so waren die meisten dieselben: mehrere, wie namentlich Cypraea pyrum, Hesione pantherina, Syllis brevicirris, Phyllochaetopterus gracilis, Sabella viola, Pectinara Forbesii n. a., blieben mir aus; dafür traten hinzu: Chiton pulchellus, Ch. variegatus, Ch. fascicularis, Natica millepunctata, Pleurotoma reticulatum, Mitra Savignyi, Didemnium gyrosum n. sp., Leptoclinum Listerianum, Amarucium proliferum, Syllis Zebra, S. variegata, Amblyosyllis lineata n. sp., Sabella polyzonos, Myxicola infundibulum, mehrere Bryozoen: Eschara fascialis, E. foliacea, E. foliacea, E. cervicornis, Salicornaria farciminoides, Retepora cellulosa, Pustulipora proboscidea, auch die an Dictyomenia volubilis anhaftende Tubularia verrucaria: Ebalia Bryerii, Iphimedia multispinis n. sp., Cypridina mediterranea, Holothuria (Sporadipus) Stellati, Ophiura albida, Amphiura filiformis, Asteriscus verruculatus, Echinocyamus pusillus und Actinia carciniopados.

Am 14. September war die Weinlese und das Keltern und damit auch mein Aufenthalt in Crivizza beendet, denn die ganze Familie Terabocchia kehrte nach Lussin piccolo zurück, und das Haus ward zugeschlossen. Sie bestieg die Barke, ich aber zog es vor, sowohl um ein neues Stück der Insel kennen zu lernen, als eine Uebersicht zu gewinnen, den Berg St. Giovanni hinanzusteigen und den Kamm des Gebirges zu erreichen, das, von Süden nach Norden ziehend, gegen Lussin piccolo allmählich sich senkt und weiterhin wieder sich erhebend, am Nordende mit dem über 1800 Fuss hohen Monte Ossero aufhört. Ich brauchte eine gute Stunde, um den Gipfel des Monte St. Giovanni, eine Höhe von etwa 800 Fuss, zu erreichen, die Nachmittagssonne, nachdem ein leichter Regenschauer sich entladen, brannte heiss, und der Weg war steil. Aber welche entzückende Aussicht hier oben! Das schmale, im Zickzack sich hinstreckende Eiland, mit seinen Höhen und Buchten, die kleinen flachen Inseln und Inselchen, die es ehrerbietig, wie einen ruhenden Herrscher sein Gefolge, im Halbkreis umgeben, der ganze südliche Theil von Cherso, darüber am fernen Horizont der in Duft gehüllte Monte maggiore (1410 Fuss hoch), weithin rechts Pago, Arbe und Veglia, und die steile zackige Küste von Croatien weit hinab bis zu den dalmatinischen Inseln, der Quarnero und das weite Meer mit seinen Segeln.

das alles vereinte sich zu einem so grossartigen und da die Höhe, auf der man steht, doch nicht so bedeutend ist, auch zu einem so malerischen Bilde, dass ich mich gar nicht davon trennen mochte. Die kleine Kapelle auf dieser Höhe, welche ich schon von Lussin grande aus erkannt hatte und die die Gebeine eines vor einigen Jahrzehenden gestorbenen Eremiten beherbergen soll, schützte gegen die etwas scharf gehende Luft, so dass ich mit allem Behagen nach den verschiedensten Seiten hinabblicken und alle Einzelnheiten durchmustern konnte; besonders imposant aber erscheint der isolirte Monte Ossero, der seinen breiten Schatten schon auf Cherso warf, und reizend der Wechsel von kahlem Fels, Buschland, vereinzelten Häuschen und Ortschaften bei dem mannigfachen Wechsel der Beleuchtung. Gleichzeitig gewinnt man hier einen Ueberblick über die geognostischen Verhältnisse der Insel. Der ganze Gebirgszug, der die Insel halbirt und was östlich von ihm liegt, gehört, nach Stache's Untersuchungen der Kreide-, alles Westliche der Eocänbildung an, der Hafen von Lussin piccolo ist von einem östlichen Kreide- und einem westlichen Eocän-Ufer eingeschlossen. Dass von hier oben ein Weg nach Lussin piccolo führte, lässt sich nicht sagen, man geht fortwährend auf Felstrümmern, zwischen Rubussträuchern, kann sich aber wegen der unbehinderten Aussicht leicht orientiren und gelangt bald zu einigen Einfriedigungen, deren Zahl zunimmt, je mehr man sich der Stadt nähert. Als ich das Stadtgebiet betrat, war die Sonne bereits gesunken, ein wunderliches Tuten von Hörnern schallte mir von verschiedenen Seiten entgegen und machte mich auf die Erklärung begierig. Es ist ein alter Brauch auf Lussin, sobald eine Brautschaft entsteht, vor den Häusern der Verlobten in's Horn zu stossen, und dies wiederholt sich täglich bis zur Hochzeit; hat sich aber im Volk gar etwas Nachtheiliges von dem Charakter des Bräntigams oder der Braut verbreitet, so ist vollends des Tutens kein Ende. Ein solcher Fall hatte sich im verflossenen Jahr ereignet und den Bräutigam in solche Wuth versetzt, dass er einen seiner Verfolger niederstach, und dieser seinen Wunden bald erlegen wäre, doch lässt sich der alte Brauch nicht abschaffen.

Meine Excursionen waren zu rechter Zeit beendet, denn das Acquinoctium rückte heran, mit ihm veränderliches Wetter: fast täglich zogen Gewitter auf und fiel reichlicher Regen. Die Scorpione, die sich in der dunkelgehaltenen, von mir als Vorrathsraum benutzten Küche bisher nur dann und wann gezeigt hatten, kamen öfter zum Vorschein und stiegen an den Wänden höher empor. Sie gehörten alle zu der schwarzbraunen Varietät des europäischen (Scorpio italicus). Um diese Zeit erwischte ich ein paar schnellfüssige Scutigera coleoptrata und einen kleinen Gecko sogar an den Wänden unseres Speisezimmers.. Das zwischen dem Wohnhause und meinem Arbeitslocal gelegene Gärtchen, das ich immer nur als einen mit einzelnen Bäumen besetzten staubigen Platz gekannt, und von dem ich anfangs nicht begreifen konnte, warum hier noch besondere Felder durch Steineinfassungen abgetheilt seien, da sie doch nichts zu enthalten schienen, erwachte zu neuem Leben, und die geschäftige Hausfrau, von ihren Töchtern unterstützt, pflanzte Salat und Gemüse; es wurde zum zweitenmal Frühling. Aber schmerzlich merkte ich auch das Abnehmen der Tage, man wurde kaum bis zum Abend mit dem Aussuchen der Gegenstände fertig, und manche Beobachtung musste bis zum Lampenlicht aufgeschoben werden. Die Luft war jetzt köstlich frisch, man arbeitete nicht mehr im strömenden Schweisse und speiste nicht mehr wie an manchem Augusttage bei einer Hitze von 28 bis 29° R. Abwechselnd wurde nun, je nachdem es Wind und Wetter erlaubten, im Hafen selbst oder bei Cigale gefischt, und während schon die Vorarbeiten zum Einpacken der Sammlungen begannen, verabredete man noch ein paar Erholungsfahrten mit der ganzen Familie; die eine sollte nach Liké, die andere nach Sansego gehen. Die erste, am 19. September unternommen, lehrte mich den fruchtbarsten Theil der Insel kennen, den einzigen, der eine sanft ansteigende zusammenhängende Ebene bildet; hier überdecken noch rothe Letten- und Sandsteinschichten der älteren tertiären Periode den sonst frei zu Tage liegenden Nummulitenkalk und leisten dem Ackerbau Vorschub. An dem westlichen Saum dieser bis nach Chiumski sich erstreckenden Ebene liegt Liké, eine kleine Besitzung von Verwandten des Dr. Nicolich. Hier fand ich grosse Felder, Pferde, Rinder, alles Dinge, die man anderswo auf Lussin vergeblich sucht, und das Grün der Weingärten, der Myrten, des Lorbeers, Epheu's und Erdbeerbaums (Arbutus unedo) bildeten eine angenehme Einfassung der sonst schmucklosen Besitzung, während unten gegen das Meer hin, von dem man ein gutes Stück Weges emporzusteigen hat, sich Olivenpflanzungen und Feigen ausbreiten. Blühende Pflanzen sah man wenig. Das Mobiliar des Hauses war für so viele Personen nicht eingerichtet und Vorräthe waren dort nicht vorhanden; so wurde denn eine Tafel und Sitze aus Brettern und Maisstrohsäcken improvisirt, ein Pickeniek aus Prosciutto, Macaroni, Frittole und Pasta frola zusammengesetzt, und zuletzt bei trefflichem süssen Wein — Moscato vero di Almissa — ein lustiger Reimkampf gehalten, indem jeder auf ein Glied der Gesellschaft eine Gesundheit ausbringen und mit einem Leberreim auf dessen Namen schliessen musste. Auch die Zoologie ging an diesem Tage nicht leer aus: es wurden ausser Helix Ligata der stattliche sonst von Dalmatien her bekannte Procrustes rugosus, Otiorrhynchus giraffa, Geotrupes italicus, mehrere Exemplare von Truxalis nasuta, Mantis religiosa, Acridium tataricum, von einem Pholcus, den ich für Ph. nematoides Koch halten möchte, und von der prächtigen Epeira fasciata, auch Salticus lineatus Koch u. a. gesammelt.

In anderer Weise interessant und lehrreich war der Besuch von Sansego, einer kleinen Insel der Westseite, von der ich nie hatte sprechen hören, ohne die auffallende Grösse ihrer männlichen Bewohner hervorzuheben, einer Insel, die, von allen benachbarten durch Bodenbeschaffenheit und Aussehen abweichend, ganz aus feinem Diluvial- oder Alluvialsand besteht, wie er nach Stache's Mittheilung nur noch auf dem westlichen Vorsprung von Unie und an der dalmatischen Küste bei Curzola vorkommt. Dieser weisse aus gleichmässigen Quarzkörnchen bestehende Sand ist so fest, dass man Höhlen darin graben kann; ein grosser Theil der Sansegoten bewohnte früher solche Höhlen, und man sieht hin und wieder noch eine Spur von diesem Troglodytenleben. Er liegt auf einer, namentlich an der Bucht, längs welcher die Ortschaft Sansego sich hinzieht, zu Tage tretenden Basis von Nummulitenkalk, und erhebt sich zu Höhen von 100 bis 150 Fuss oder noch höher mit steilen Abstürzen, Terrassen und engen Schluchten, an die sächsische Schweiz erinnernd, und alle diese Höhen und Terrassen sind mit Reben bedeckt. Sansego ist in der That der grosse Weinberg von Lussin piccolo, und in der Zeit der Weinlese muss man es besucht haben, um seine Bedeutung zu würdigen. War das ein Treiben und Getümmel! Wie Ameisen sah man Frauen und Männer mit ihren Körben auf dem Kopf einzeln hinter einander in ganzen Reihen bergauf bergab ziehen, während unten Barke auf Barke landete, und auf dem schmalen Vorlande, das die Strasse der Ortschaft einnimmt, die Keltern des Bischofs von Veglia arbeiteten. Denn von hier bezieht dieser geistliche Würdenträger, der allerdings alle am Boden der Insel haftenden Abgaben zu zahlen verpflichtet ist, auch einen grossen Theil seiner Einnahme: ein Viertel des ganzen Weinertrages von Sansego gehört ihm, aber von wie vielen Seiten und wie übereilt fliesst dieser Wein zusammen! Jeder schüttet sein Deputat Trauben in die hier aufgestellte grosse Kelter, und eilt davon, um weiter sein eigenes Interesse wahrzunehmen. Diese Kelter ist die einfachste von der Welt, ein grosser, aus starken senkrechten Rohrstäben gebildeter Behälter — denn das Rohr wird hier wohl 14 Fuss hoch und darüber und erreicht eine mittlere Dicke von $3/4$ Zoll — in dem zwei Männer wacker mit den Füssen stampfend den Rebensaft ausdrücken, die so bearbeiteten Trauben kommen in einen andern eben so einfach construirten Behälter (Torcolo), der aus den spiral auf einander gelegten fest verbundenen Umgängen eines Schiffstanes besteht, und werden der Gewalt einer von kräftigen Armen gehandhabten Presse unterworfen; durch die Zwischenräume der Umgänge fliesst der Most in die Wannen und Butten ab, alles auf offener Strasse im dichten Getümmel der Menge. Da nun 3 Barile*) Most etwa 2 Barile Wein geben, und man den Weinertrag von Sansego im Durchschnitt zu 1800 Barile veranschlagt, das Barile Wein aber gewöhnlich hier mit 5, bei Missernten in Istrien mit 10 Gulden bezahlt wird, so kann man daraus entnehmen, eine wie bedeutende Einnahme diese kleine Sandinsel liefert. — Ist der Wein abgezapft, so gewinnt man durch einen Aufguss von Wasser auf die Trester die sogenannte Bevanda, ein sehr beliebtes Getränk, das für die nächsten Monate ausreicht.

Den zweiten Gegenstand des Ertrages von Sansego bildet der Sardellenfang, der jetzt jährlich an 150 Fahrzeuge in Bewegung setzt und etwa 2000 Barile Fische liefert, während er sich früher auf das Doppelte belief. Man rechnet auf das Barile 80—90 Pfund Fische oder 15 - 1700 Stück, und zahlt für das Tausend frischer Fische 5 Gulden, für das Tausend gesalzener 7 Gulden. Dieser Fang beschäftigt die Sansegoten in der Mitte des Juni.

Nachdem wir bergansteigend den Ort durchwandert und einen Blick in die oben gelegene Kirche und auf deren grossen Cristoforo geworfen, ein Bild, das von den griechischen Inseln hierher geschwommen sein soll, und auf dessen Besitz die Sansegoten nicht wenig stolz sind, bestiegen wir, immer zwischen Weingärten gehend, die höchste Erhebung und genossen hier die weiteste Aussicht auf das Meer und das kleine Eiland mit seinem lebendigen Treiben. Während nun die anderen das Mahl bereiteten, Dr. Nicolich aber noch einige Kranke besuchte, begab ich mich nach der nahen Bucht der Insel und durchsuchte die auf ihr flaches Ufer in Masse ausgeworfenen Zosteren, unter denen ich mehrere Exemplare von Orchestia mediterranea antraf; gegen die Westspitze der Bucht tritt der eocäne Kalk zu Tage, kleine Erhebungen und Grotten bildend, an deren Pflanzen und Steinen, so lange es die spärlich zugemessene Zeit erlaubte. Arachniden gesammelt wurden. Die Flora der Insel bietet wenig Mannigfaltigkeit dar, ein gelbblühendes Gnaphalium scheint hier die verbreitetste Pflanze zu sein, aus dieser Blume wird auch der Kranz und der Strauss gebunden, den das Brautpaar bei der Trauung erhält. Dieser Schmuck, der vor der Myrte wenigstens den Vorzug des Dauernden

---

*) 1 Barile hat 45 Boccali, und 1 Boccale entspricht etwa 1 Wiener Maas.

hat, wird sorgfältig aufbewahrt, und mehrfach waren mit ihm auch die Wände des Zimmers geziert, in dem wir unser Mittagsmahl hielten. Heiterkeit würzte das Mahl, und bald kamen dann auch die Spitznamen zum Vorschein, die die verschiedenen Glieder der Familie trugen: unser Doctor hiess Cicola, Signor Terabocchia Favetta, ein anderer Sette oculi, Zarienco, Missinna, Tirumbetta u. s. f., dieselbe Eigenthümlichkeit, die ich in Portoré angetroffen hatte. Kaum war die Rückfahrt angetreten, so stimmten die jungen Damen unseres Kreises, deren Stimmen man schon den italienischen Klang anhörte, ihre Lieder an, zum Theil, um die Gedanken von dem drohenden Bilde der Seekrankheit abzulenken, die doch so manchen von uns übermannte, denn es wehte frisch, klein war die Barke und gedrängt der Kreis der Gesellschaft, die an dem niedrigen Borde umhersass. Die meisten Lieder waren echt italienisch:

Zwischen diesen neapolitanischen und venezianischen Liedern ertönte dann wieder eine echt slavische Melodie:

Jos cher-ras-ca Ni pro-pal-la Dok mi si - vi - mo Vis-so-ko se budi in-stal-la kad jus bu-si-mo.

Nach zweistündiger Fahrt erreichten wir glücklich mit Segeln die Bocca falsa und ruderten nun beim schönsten Sonnenuntergang gemüthlich durch den Hafen. Es war ein freundlicher Schluss meines Lussiner Aufenthalts.

Einige Schwierigkeit bereitete mir noch das Einpacken der Sammlungen, und das nicht ohne meine Schuld: Gläser und Weingeist reichten zwar glücklich aus; ich hatte schon früher mit ihnen haushälterisch umgehen gelernt, denn ich wusste, dass beides in Lussin piccolo nicht zu kaufen war; selbst in den Apotheken, deren dort zwei vorhanden sind, mangelte es an einigermassen brauchbaren Fläschchen. Doch hätte ich Weingeist im Nothfall aus Lussin grande erhalten können, aber daran hatte ich keinen Augenblick gezweifelt, dass man in einer Stadt von mehr als 5000 Einwohnern jederzeit gutes Material zum Einpacken der Blechbüchsen und Gläser in die Kiste bekommen könnte. ich forderte zu diesem Behuf Langstroh. Statt dessen erhielt ich ein so mit Disteln untermischtes Stroh, dass es unmöglich war, davon Gebrauch zu machen, ebensowenig war Seegras zur Stelle, die Zeit drängte und doch musste ich viele Stunden warten, ehe man Rath schaffte und das Erforderliche besorgte. Dagegen war die Arbeit von Tischler und Klempner so preiswürdig, wie man sie nur erwarten konnte, und ich fand die Leute eben so bereitwillig als mässig in ihren Forderungen.

Am 25. September bestieg ich den von Dalmatien nach Triest gehenden Vapore. Stürmisch erregt war das Meer, freudig bewegt mein Gemüth, denn meine wissenschaftlichen Zwecke waren erreicht, und — Dank einer seltenen Gastfreundschaft und Fürsorge — vollkommener erreicht, als ich es je erwartet hatte!

Auf diese Schilderung der Insel Lussin und der von mir besuchten Localitäten, deren jede neben allgemeiner verbreiteten Thierarten auch einzelne andere aufzuweisen hatte, welche, wie sich dies zum Theil aus der Verschiedenheit der Meerestiefe und des Meeresbodens erklärt, ihr eigenthümlich sind oder doch in ihrem Bereich häufiger als anderswo begegnen, lasse ich nun das systematische Verzeichniss der während dieses Aufenthalts gesammelten Evertebraten folgen. Was mich veranlasste, die Fische gar nicht zu berücksichtigen, habe ich bereits oben (p. 8) angedeutet, und mit den Fischen fielen dann zugleich die Epizoën und Entozoën derselben. Das Verhältniss enthält einige Thiere mehr, als die Zusammenstellungen bei den einzelnen Localitäten angeben, theils nämlich solche, deren Fundorte ich aus Mangel an Zeit genauer zu notiren unterlassen musste, theils etliche wenige, die bei der ersten Aufzählung übersehen sind. Die beigefügten Tiefen der Funde beruhen, ich muss es wiederholen, grösstentheils auf den Angaben des in meinen Dienst genommenen Marinar's Nicolich, dessen vollkommene Zuverlässigkeit mir ebensowohl von Professor Lorenz empfohlen war, als von mir mehrfach geprüft wurde, und welche eine Vergleichung mit den von Lorenz*) und Heller**) mitgetheilten Tiefen, in denen sie die betreffenden Thiere gefunden, im Allgemeinen so sehr bestätigt, dass auch einzelne Abweichungen davon gegen sie keine Zweifel erheben werden. Um das Verzeichniss leichter benutzbar zu machen, habe ich den Species Citate von Beschreibungen und Abbildungen hinzugefügt. Die neuen Anneliden, auch einige neue Crustaceen sind bereits theils ausführlicher im Archiv für Naturgeschichte, theils kürzer in den Jahresberichten der Schlesischen Gesellschaft besprochen worden, die neuen Nemertinen und Tunicaten im Verzeichniss selbst beschrieben; ausführlichere Mittheilungen und Abbildungen der Amphipoden und Isopoden behalte ich mir an einem anderen Ort zu veröffentlichen vor. Dass ich sämmtliche Tunicaten und Nemertinen meiner Ausbeute mit Diagnosen versehen und auf diese Weise manches Bekannte wiederholt habe, könnte man mir zum Vorwurf machen, es ist aber aus dem Grunde geschehen, weil, wie mir scheint, diese Thiere von den Sammlern im Bereich der adriatischen Fauna mit am wenigsten beachtet sind, und ich durch eine solche Zusammenstellung für sie ein grösseres Interesse zu erwecken und ihre Bestimmung zu erleichtern hoffte.

---

*) „Physikalische Verhältnisse und Vertheilung der Organismen im Quarnerischen Golf. Wien 1863." Pag. 340.

**) „Horae Dalmatinae, Bericht über eine Reise nach der Ostküste des adriatischen Meeres," aus den Abhandlungen der k. k. zool.-botan. Gesellschaft in Wien. Bd. XIV. 1864.

Verzeichniss
der
bei Lussin gesammelten Evertebraten.

I. Cephalopoda.

Sepiola Leach.

S. Rondeletii Leach; Lussin grande, nur ein paar ganz junge Exemplare.

II. Cephalophora.

Conus L.

C. mediterraneus Brg., Phil. Enum. Mollusc. Sic. I. p. 238 Encycl. méth. pl. 330 .F 4. Ossero, nur leere Gehäuse in dortigem Schlamm des flachen Meeres.

Pleurotoma Lam.

Pl. reticulatum Bronn. Phil. l. c. I. p. 196 (Pl. Cordieri Payr. Cat. p. 144 pl. VII. F. 11): vor Cigale (33 Faden), leere Gehäuse.

Pl. Philberti Mich., Phil. l. c. II. p. 165 I. tab. XI. Fig. 14; Lussin grande.

Murex linearis Mont. Phil. l. c. II. p. 166, Reeve Conch. icon. pl. XXXIII. F. 296; Cigale.

Pl. rugulosum Phil. l. c. II. p. 169 tab. XXVI. Fig. 8; Lussin, blosse Schale.

Pl. costulatum Risso Phil. l. c. II. p. 166? „Testa anguste fusiformi, tenuissime transversim striata, aufractibus convexiusculis, plicatis, plicis c. 11, apertura anguste lanceolata, dimidiam spiram vix superante, labro non incrassato." Die Längsfalten sind entschieden schief, was Philippi nicht angiebt; Neresine.

Murex L.

M. brandaris L.; vor der Bucht von Balvanida (32 bis 35 Faden tief), bei Crivizza, in dem Hafen selbst ebenda (schon auf 10 Faden).

M. trunculus L. Phil. l. c. I. p. 209 Crivizza; (27—30 Faden), im Hafen von Lussin piccolo (17 Faden), hier häufig, Neresine (9 bis 15 Faden), zuweilen mit Actinia effoeta besetzt, die ich sonst gewöhnlich auf M. brandaris gefunden habe, so auf 17—22 Faden ebenda.

M. Edwardsii Mke. Phil. l. c. I. p. 210; Purpura Edwardsii Payr. p. 155 pl. VII. Fig. 19. 20; Lussin piccolo.
M. erinaceus L. Phil. l. c. 181; Lussin piccolo.
M. cristatus Brocchi Phil. l. c. I. p. 209 tab. XI. F. 25; Lussin.

Fusus Lam.
Murex syracusanus L. Phil. l. c. I. p. 203, Chemn. Conch. X. F. 1542; Neresine.
Murex rostratus Oliv. Phil. l. c. I. p. 203, Reeve Conch. icon. pl. XIV. F. 55. II. p. 203; Lussin grande, Neresine (17—22 Faden tief), das Thier zinnoberroth.
Murex corneus L., Fusus lignarius Lam. Phil. l. c. I. p. 202, Encycl. tab. 424, F. 6; Lussin piccolo im Hafen (17 Faden).
Murex corallinus Scacchi Phil. l. c. II. p. 178 tab. XXV. F. 29; Lussin piccolo im Hafen (19—20 Faden), das Thier roth.
F. rudis Phil. l. c. II. p. 180. tab. XXV. F. 30, ähnlich F. rostratus und pulchellus, hat aber einen kürzeren Kanal, mein Exemplar zeigt bei einer Länge von 9,5 mill. nur 5 Umgänge; Neresine (diese Art wird von Philippi nur als fossil aufgeführt).

Buccinum L.
B. reticulatum L. Phil. l. c. I. 220, Lussin piccolo im Hafen.
B. corniculum Oliv. Phil. l. c. I. p. 223, (B. Calmeilii Payr. Catal. p. 160 pl. VIII. F. 6. Buccinium Linnaei Payr. Cat. p. 161. pl. VIII. F. 9—12); Lussin piccolo im Hafen.
B. scriptum Phil. l. c. II. 190 (Murex scriptus L.); ebenda (19 Faden tief).
B. Ascanias Brug. Phil. l. c. II. p. 188, B. asperulum l. p. 220, B. macula Mont. Payr. Catal. p. 157 pl. VII. F. 23); Lussin.
B. d'Orbignyi Payr. Catal. p. 159 pl. VIII. F. 4—6. Phil. l. c. I. p. 222; Lussin.

Columbella Lam.
Voluta rustica L. Phil. l. c. I. p. 228; Neresine (auf 1 Faden Tiefe) in Steinen am Ufer.

Mitra Lam.
M. Savigny Payr. Catal. p. 166 pl. VIII. F. 23—25. Phil. l. c. I. p. 230; bei Privlaka (25 Faden), vor Cigale (33 Faden). Kopftheil braun, Fühler braun mit weisser Spitze und mittlerem weissen Ringe, Sipho gegen das Ende braun mit einer Längsreihe von 4 weissen Punkten, Sohle unten weiss.

Dolium Lam.
Buccinum galea L. Phil. l. c. I. p. 219; Lussin grande, aus den Netzen der Chioggioten erhalten (jedenfalls in einer Tiefe von mehr als 20 Faden).

Cassidaria Lam.
Buccinum tyrrhenum L. Phil. l. c. I. p. 216; Lussin grande (30 Faden tief). Das Thier besitzt einen Deckel, Woodward giebt das Gegentheil an.

Aporrhais Aldrov.

Strombus pes Pelecani L. Phil. l. c. I. p. 215 Lussin piccolo im Hafen; (auf 17 Faden Tiefe) in Menge.

Cypraea L.

C. pyrum L. (C. rufa Lam.), Phil. l. c. I. p. 235. Reeve Conch. icon. pl. VIII. F. 26; 1 Exemplar, Crivizza vor Balvanida in einer Tiefe von 32—35 Faden. Das Thier zeigt noch im Weingeist seine mit Wärzchen bedeckten Seitenlappen halb über die Schale geschlagen.

(C. lurida L. Phil. l. c. I. p. 234. R. Conch. icon. pl. IX. F. 32, an der Lussin benachbarten dalmatischen Küste.)

C. europaea Mont. C. coccinella Lam. Phil. I. p. 236. Encycl. méth. pl. 356. F. 1. 2; Crivizza, Cigale (30—32 Faden), Lussin grande (35 Faden tief). Das orangegelbe weisspunktirte Thier schlägt die Seitenlappen nur über den untersten Theil der Schale.

Ovula Lam.

O. adriatica Sow. Phil. l. c. I. p. 233. tab. XII. F. 13; Lussin grande; aus den Netzen der Chioggioten mit Alcyonium palmatum erhalten.

Cerithium Brug.

C. vulgatum Brug. Phil. l c. I. p. 192. tab. XI. F. 3; Lussin piccolo im Hafen (17 Faden).

C. lima Brug. Phil. l. c. I. p. 195 (C. Latreillei Payr. Cat. p. 143. pl. VII. F. 9, 10); Lussin piccolo, Lussin grande, Neresine.

C. perversum Lam. Phil. l. c. I. p. 194. Payr. Cat. p. 142. pl. VII. F. 7; Lussin piccolo im Hafen (auf 19 bis 20 Faden).

C. mamillatum Riss. Phil. l. c. I. 194. tab. XI. F. 11, 12; Lussin piccolo, Lussin grande, Ossero.

Turritella Lam.

T. communis Riss. Phil. l. c. II. p. 160. (T. terebra Phil. I. p. 190); Lussin piccolo, im Hafen (17—19 Faden tief).

Littorina Fér.

Turbo littoreus L. Phil. l. c. I. p. 189; Lussin.

Rissoa Frém.

R. elata Phil. Enum. moll. Sicil. II. p. 124. tab. XXIII. Fig. 3; Neresine.

R. similis Scacchi. Phil. l. c. II. p. 124. tab. XXIII. Fig. 5; Lussin piccolo, Cigale (30—37 Faden).

R. monodonta Bivon. Phil. l. c. II. p. 125. tab. X. Fig. 9; Neresine.

Turbo calathiscus Laskey Phil. l. c. II. 125; Lussin grande, Ossero.

R. Montagui Payr. Catalogue pl. V. Fig. 13, 14. Phil. l. c. I. p. 153; Lussin grande, blosse Schale.

R. aspera Phil. l. c. II. p. 126. tab. XXIII. Fig. 6; Lussin grande.

R. scabra Phil. l. c. II. p. 126. tab. XXIII. Fig. 8; Lussin grande.
R. clathrata Phil. l. c. II. p. 223. tab. XXVIII. F. 20; Lussin grande.
R. crenulata Michaud. Phil. l. c. II. p. 126; Lussin grande.
R. pulchella Phil. l. c. I. p. 155. tab. X. Fig. 12; Ossero, blosse Schale.
R. Ehrenbergii Phil. l. c. II. p. 127. tab. XXIII. Fig. 9.
R. textilis Phil. l. c. II. p. 131. tab. XXIII. F. 22; Lussin piccolo (von Philippi nur als fossil beschrieben).
R. lactea Mich. Phil. I. p. 152, Neresine, blosse Schalen.
R. pygmaea Mich. Phil. l. c. I. p. 152; Lussin grande (32 Faden), blosse Schale, jeder Umgang mit 1, der letzte mit 2 feinen bräunlichen Binden.

Eulima Riss.
Melania nitida Lam Phil. l. c. I. p. 157. t. IX. F. 17, Lussin piccolo.
M. distorta Desh. Phil. l. c. I. p. 158. t. IX. F. 10. Arch. f. Naturg. 1841. t. V. F. 2; Crivizza vor Porto Balvanida (27—30 Faden), vor Cigale (33 Faden tief). Das Thier weiss, etwas blassroth gefleckt, schwimmt zuweilen in umgekehrter Stellung.

Chemnitzia d'Orb.
Ch. obliquata Phil. Enum. Mollusc. Sic. II. p. 137. tab. XXIV. Fig. 10; Neresine, blosse Schale.

Natica Lam.
N. millepunctata Lam. Chemn. Conch. V. t. 186. F. 1862, 63. Phil. l. c. I. p. 161; Lussin piccolo, blosse Schale.
N. macilenta Phil. l. c. II. p. 140. tab. XXIV. F. 14; Lussin grande.
Nerita marochiensis Gm. Phil. l. c. II. p. 140. I. p. 256. t. IX. F. 11; Neresine (20 Faden), Cigale (36—37 Faden).

Marsenia Leach.
Helix perspicua L., Sigaretus perspicuus Phil. l. c. I. p. 165. tab. X. F. 1. Bergh Symbolae ad monograph. Marseniadar. p. 90. tab. I. F. 1; Lussin piccolo im Hafen (19—20 Faden), vor Cigale (31—32 Faden), Balvanida bei Crivizza (32—35 Faden). Bald einfarbig orangeroth, bald goldlackbraun mit dunkelbraunen und gelblich weissen, braun punktirten Flecken, bald blasschamois mit zackigen schwarzen Fleckchen oder olivenbraun auf der Oberseite.

Crepidula Lam.
Cr. gibbosa Defr. Phil. l. c. II. 93. Mart. Conch. I. tab. 13. F. 129; Lussin piccolo, im Hafen (19—20 Faden).

Scalaria Lam.
Sc. tenuicosta Mich. Phil. l. c. II. p. 145. t. X. F. 2; Lussin piccolo, im Hafen, blosse Schale.

Turbo L.
T. sanguineus L. Phil. l. c. II. p. 151. Chemn. V. F. 1675; Lussin piccolo.

T. rugosus L. Phil. l. c. I. p. 178; Lussin piccolo, im Hafen (19—20 Faden) kleine Exemplare, Nersine desgleichen, grosse Exemplare auf 27—30 Faden bei Crivizza.

Trochus L.

Tr. conulus L. Phil. l. c. I. p. 175; Lussin piccolo, Neresine.
Tr. cingulatus Brocchi Phil. l. c. I. p. 175; Neresine.
Tr. crenulatus Broc. Phil. l. c. I. 176; Lussin piccolo, Lussin grande.
Tr. striatus L. Phil. l. c. I. p. 176. Mart. Conch. V. t. 142. F. 1527, 28, 29; Neresine, Ossero.
Monodonta fragarioides Lam., Trochus fragarioides Phil. l. c. I. p. 177 (Monodonta Olivieri Payr. Cat. p. 133. pl. VI. 15; Lussin piccolo im Hafen.
Tr. divaricatus L. Phil. l. c. II. p. 151, Lussin piccolo, an Kalksteinen nahe dem Ufer.
Tr. magus L. Phil. l. c. I. p. 179. Chemn. V. tab. 171. F. 1658; Lussin piccolo im Hafen (auf 19—20 Faden Tiefe) sehr häufig, Neresine (22 Faden), leere Schalen mit Actinia carciniopados und Pagurus Prideauxii.
Tr. canaliculatus Lam. Phil. l. c. I. p. 180. Monodonta Fermonii Payr. Cat. 128. pl. VI. Fig. 11; Neresine (22 Faden), blosse Schale.
Tr. villicus Phil. l. c. II. p. 152. tab. XXV. F. 14; Lussin.
Tr. (Monodonta) Vieilloti Payr. Catal. p. 135. pl. VI. F. 21—23, Phil. l. c. I. p. 186; Lussin.

Delphinula Lam.

D. calcar Lam.; Lussin 1 Exemplar, blosse Schale.

Phasianella Lam.

Turbo pullus L. Sav. Descript. de l'Egypte Mollusq. pl. 5. F. 20, 21: Neresine (9 Faden).

Haliotis L.

H. tuberculata L. Phil. l. c. I. p. 165; Lussin piccolo im Hafen (1—2 Faden).

Fissurella Brug.

F. gibberula Reeve Conch. icon. pl. XVI. F. 118, 119. ? F. gibba Phil. l. c. I. p. 117; Lussin piccolo im Hafen.
F. graeca Lam. Phil. l. c. I. p. 90 (F. reticulata Don. Reeve Conchol. icon. pl. X. F. 68): Lussin piccolo.
F. neglecta Reeve Conch. icon. pl. I. F. 3 F. mediterranea Gray. (F. costaria Desh Phil. l. c. I. p. 116, F. reticulata Risso Hist. nat. IV. p. 258. F. 139); Lussin piccolo, Neresine (22 Faden), Crivizza.

Emarginula Lam.

E. elongata Cost. Phil. l. c. I. p. 115. tab. VII. F. 13; Neresine.

Chiton L.

Ch. siculus Gray. (Ch. squamosus) Phil. l. c. I. 106. tab. VII. Fig. 3; Neresine, 1, 10, 20 Faden tief.

Ch. pulchellus Phil. l. c. II. p. 83. tab. XIX. 14; vor der Bocca falsa (24 Faden).
Ch. variegatus Phil. l. c. I. p. 107. II. p. 83. tab. XIX. F. 13; ebenda und Crivizza (27—30 Faden).
Ch. Polii Phil. l. c. I. p. 106; Neresine.
Ch. Rissoi Payr. Catal. p. 87. pl. III. F. 8. Phil. l. c. I. p. 107; Neresine.
Ch. Cajetanus Poli. Phil. l. c. I. p. 108; Lussin piccolo.
Ch. fascicularis L. Phil. l. c. I. p. 108. t. VII. F. 2; Lussin piccolo vor der Bocca falsa (24 Faden), Ossero in den Lagunen, Lussin grande, Crivizza.

Patella L.
P. lusitanica Gm. Payr. Catal. p. 88. pl. III. 6. 7, Phil. l. c. I. p. 110; Lussin piccolo.

Dentalium L.
D. dentalis L. Phil. L. c. l. p. 243. Born. Mus. t. 18. F. 13. Var. novemcostata; Lussin piccolo im Hafen (19—20 Faden).
D. entalis L. Phil. l. c. I. p. 243; Lussin piccolo ebenda, Lussin grande im Val d'Arche (17 Faden).

Pleurobranchus Cuv.
Pl. aurantiacus Riss. Phil. l. c. II. p. 85. tab. XX. F. 7; Bulvanida bei Crivizza (32—35 Faden), Lussin piccolo.
Pl. perforatus Phil. l. c. II. p. 87. tab. XXI. F. 2; Lussin piccolo ausserhalb des Hafens von Scoglio Zabadoski (27 Faden).

Aplysia L.
A. marginata Bl. Phil. l. c. II. p. 98. tab. XXII. F. 2; vor Cigale (31—35 Faden). Olivenbraun mit zahlreichen kleinen runden schwarzen Flecken mit weissem Mittelpunkt und grösseren weissen aus 4 bis 9 einzelnen zusammengeflossenen, zuweilen schwarz gesäumten, bis 49 mill. lang, 11 mill. breit, die vorderen Fühler 11, die hinteren 5,5 mill. lang, hält sich mit dem Hinterende so fest wie ein Blutegel, während der Körper sich hin und her bewegt, sondert einen Purpursaft von schönstem Violet aus.

Bulla L.
B. hydatis L. var. β Phil. l. c. I. p. 121; Lussin piccolo.
B. truncata Ad. Phil. l. c. II. p. 96. I. tab. VII. F. 19; Lussin grande (35 Faden).

Tornatella Lam.
Voluta tornatilis L. T. tornatilis Phil. l. c. II. 143, (T. fasciata l. c. I. p. 166. Arch. f. Naturgesch. 1841. tab. V. F. 10); Neresine, blosse Schale.

Doris L.
D. Argus L. Phil. l. c. II. p. 77. Rapp. Nov. Act. nat. cur. XIII. 2. p. 153. tab. XXVI. F. 1, 2; Crivizza (30 Faden).

D. tomentosa Cuv. ? Phil. l. c. II. p. 79. tab. XIX. F. 9; Privlaka bei St. Martino (25 Faden).
D. tuberculata Cuv. Rapp Nov. Act. nat. cur. XIII. 2. p. 521. tab. 27. F. 4, 5, Phil. l. c. II. p. 79. t. XIX. F. 11; Lussin grande, von den Chioggioten erhalten, vor Balvanida bei Crivizza (32—35 Faden).
D. testudinaria Riss. hist. nat. IV. p. 33. F. 15. Phil. l. c. II. p. 78; Crivizza im Hafen (10 Faden).
D. Villafrancana Riss. Phil. l. c. II. p. 80 (D. pulcherrima Cantr. Malac. medit. p. 57. pl. III. F. 6); Crivizza im Hafen ($4\frac{1}{2}$ Faden), vor Balvanida (27—30 Faden).
D. coerulea Riss. Phil. l. c. II. p. 81 (D. gracilis Rapp Nov. Act. nat. cur. XIII. 2. tab. 27. p. 522. F. 10); Crivizza im Hafen (10 Faden).
D. limbata Cuv. Ann. du. Mus. IV. p. 168. tab. 2. F. 3. Phil. l. c. II. p. 78; Cigale (31—32 Faden), schmutzig olivenbraun mit gelbem Rückenrande, rostgelber Sohle und rostgelben schwarz eingefassten Kiemen, Fühler schwarz: Crivizza (30 Faden), blassgelb, schwärzlich gesprenkelt.

Idalia S. Leuck. (Euplocamus Phil.)
I. laciniosa Phil. Archiv für Naturgesch. 1841. I. p. 57. tab. V. Fig. 9, Enum. Moll. Sic. II. p. 77. tab. XIX. F. 5; Lussin piccolo im Hafen (19 Faden).
Von dieser prächtigen Nacktschnecke habe ich 2 Exemplare erhalten, deren grösseres 30 mill. lang und 17 mill. (an der Sohle) breit war, die Höhe betrug 12 mill., die mit feinen Querlamellen besetzten Kiemenblätter erreichten ausgestreckt eine Länge von 8 mill. und die 2 vordersten griffelförmigen Mantelfortsätze 7 mill., während die stumpfen dichtgeringelten Fühler sich bis auf 10 mill. verlängern konnten. Philippi giebt 15 Kiemenblätter an, ich glaube 18 gezählt zu haben; sie sind wie die seitlichen Mantelfortsätze in einem so beständigen Wechsel ihrer Gestalt und Lage begriffen, dass es schwer hält, darüber Sicherheit zu erlangen; der Mantelrand steht bald aufgerichtet, bald nicht, und die hintersten seiner kurzen seitlichen Fortsätze schienen zeitweise ganz zu verschwinden. Die Färbung des grösseren Exemplars war ziegelroth in's Blutrothe, der Sohlenrand, der Rand des Kopfsegels und die Spitzen sowohl der am Rande befindlichen als der auf der Mittellinie des Rückens stehenden Mantelfortsätze und des vor den Kiemen befindlichen Paares intensiv weiss: bei dem kleineren rein ziegelroth gefärbten Thiere waren alle jene Spitzen goldgelb, die Fühler bei beiden einfarbig roth.

Aeolis Cuv.
A. inaequalis? Dalyell Pow of the creat. II. p. 306. Pl. XLIV. Fig. 15, 16, Neresine (16 Faden).
Kopf und Leib weiss, die vorderen längeren zugespitzten Fühler weiss, an der Vorderseite der Spitze blass ziegelroth, 5 mill. lang, die hinteren kürzeren stumpfgerundeten 3 mill. lang, ziegelroth, fein weiss punktirt, mit vorderem weissen Längsstreif, zwischen ihnen und den ersteren ein hellrothes Längsstreifchen. Leibesende scharf zugespitzt. Die Pseudobranchien bilden etwa 14 Quer-

reihen und stehen in ihnen sehr gedrängt; sie sind blaugrau, bis 4 mill. lang, mit durchschimmerndem braunen, mit bläulich schwarzen Knötchen besetztem Kanal im Innern, die Spitze saffrangelb. Das Herz schlägt etwa an der 5. Querreihe. Das Thierchen verlor bei der Berührung so leicht seine Pseudobranchien, dass ich nirgend im Stande war, ihre Zahl in der einzelnen Querreihe zu erkennen.

III. Acephala lamellibranchiata.

Anomia L.

A. elegans Phil. Enum. Moll. Sicil. II. p. 66. tab. XVIII. Fig. 2; Lussin piccolo im Hafen (19—20 Faden), Cigale an Codium bursa (30 Faden).

Ostrea L.

O. lamellosa Brocchi Phil. l. c. I. p. 88. var. Cyrnusii Payr. Cat. p. 79 pl. III. Fig. 1, 2; Lussin piccolo im Hafen, blosse Schale.

O. cristata Lam. Phil. l. c. I. p. 89; Lussin piccolo im Hafen (19—20 Faden).

? O. plicatula Gm. Phil. l. c. I. p. 88. II. p. 63. O. stentina Payr. Cat. p. 81. pl. 3. Fig. 3; Lussin piccolo.

Pecten L.

P. Jacobaeus L. Phil. l. c. I. p. 78; Lussin piccolo im Hafen (17 Faden), Neresine (10 Faden), Lussin grande vor Val d'Arche (37 Faden); ein grosses Exemplar schnellte sich mit ausserordentlicher Kraft im Wasser empor.

P. sulcatus Lam. ? stimmt am besten mit der Abbildung bei Reeve Conch. icon. pl. XIII. F. 50, hat aber nur an einer Klappe 6, an der anderen 5 wenig gestreifte flache Rippen; Lussin grande vor Val d'Arche (37 Faden), Neresine (9—10 Faden).

P. opercularis L. Phil. l. c. I. p. 82. tab. XI. F. 2. Payr. Cat. p. 77. t. II. F. 8, 9. (P. Audouinii); Lussin piccolo, Lussin grande, Neresine.

P. hyalinus Poli. Phil. l. c. I. p. 80; Lussin grande, Neresine, sowohl die var. β Phil. mit 10 flachen Rippen (Reeve Conch. icon. pl. XXXII. F. 146), weiss und dunkelbraun gefleckt auf hornfarbigem Grunde, als var. α, letztere Exemplare alle kleiner, einfarbig ziegelroth oder hornbraun mit zierlichen weissen sich kreuzenden ∧ förmigen Zeichnungen.

P. gibbus L. Phil. l. c. I. p. 83. Encycl. méth. pl. 212. F. 3. Reeve Conch. icon. pl. IX. F. 37; Crivizza.

P. varius L. Phil. l. c. I. p. 84. Reeve Conch. icon. pl. XXV. F. 102; Lussin grande, Neresine, Cigale (33 Faden).

P. pusio Lam. Phil. l. c. II. p. 58. Reeve Conch. icon. pl. XXXIII. F. 157; Lussin piccolo.

Lima Brug.

L. squamosa Lam. Phil. l. c. I. p. 77, Encycl. méth. pl. 206. F. 4; Lussin piccolo im Hafen in Höhlungen und Vertiefungen der Steine am Ufer auf 6—8

Fuss Tiefe und selbst an solchen, die zur Zeit der Ebbe nur kaum bedeckt werden; Neresine.
L. inflata Lam. Phil. l. c. I. p. 77. Encycl. méth. pl. 206. F. 5; Neresine (9—10 Faden), die dicht geringelten Fühler am Mantelrande bis 1 Zoll lang. Der spitze Fuss eben so lang, tastet lebhaft umher und setzt sich mit der platten Seite an andere Körper, diese Muschel klappt ihre Schalen so heftig auf und zu, dass sie sich auf dem Boden meiner Glasschale ein paar Zoll weit fortschleuderte. Nur 1 Exemplar.
L. tenera Turt. Phil. l. c. I. p. 77, II. p. 56. tab. XVI. F. 3; häufig, Lussin piccolo im Hafen, vor Cigale (30 — 33 Faden), Lussin grande (35 Faden), Crivizza.

Pinna L.

P. squamosa L. Phil. l. c. I. p. 74, P. rotundata Reeve Conch. icon. pl. II. F. 3; Lussin piccolo im Hafen (9 Fuss tief), Neresine (7 Fuss). Obschon an der leeren Schale der schmale Hinterrand klafft, so ist doch das Thier bei der Dünnheit und Elastizität derselben im Stande, denselben vollkommen zu schliessen und so eine ansehnliche Menge Wassers zwischen ihren Klappen zurückzuhalten.

Modiola Lam.

M. barbata L. Phil. l. c. I. p. 70. Encycl. méth. pl. 218. F. 5; Neresine.
M. discrepans Lam. Phil. l. c. I. p. 70, II. p. 50. tab. XV. F. 11; Lussin piccolo und anderer Orten in die hyaline Substanz von Phallusia mamillata und cristata und selbst von zusammengesetzten Ascidien eingeschlossen.
M. lithophaga L. Phil. l. c. I. p. 71 Woodward Manual of the Mollusca pl. XVII. F. 7; sehr häufig in Kalkblöcken nahe dem Ufer, aber fast nur in kleinen Exemplaren erhalten; Lussin piccolo, Neresine.

Arca L.

A. Noae L. Phil. l. c. I. p. 56. Chemn. VII. tab. 54. F. 532; Lussin piccolo, im Hafen, an Steinen in der Nähe des Ufers auf 6 bis 9 Fuss Tiefe. nur jüngere Exemplare.
A. barbata L. Phil. l. c. I. p. 57; Lussin piccolo.
A. lactea L. Phil. l. c. I. p. 57 (A. Gaimardii Payr. Cat. p. 61. pl. I. F. 36, 37);.Lussin grande.

Pectunculus Lam.

P. pilosus Lam. Phil. l. c. I. p. 61. (Arca pilosa L.) Chemn. VII. tab. 57. Fig. 565, 566; Cigale.

Nucula Lam.

N. sulcata Bronn. Phil. l. c. II. p. 45 (N. Polii I. p. 63. tab. V. F. 10): Lussin piccolo, blosse Schalen.

Cardium L.

C. Deshayesii Payr. Cat. p. 56. pl. I. F. 33, Reeve Conch. icon. pl. XVII. F. 83; Cigale.

C. ciliare L. var. β Lam. Phil. l. c. I. p. 49. C. paucicostatum Sow. Reeve Conch. icon. pl. IV. F. 18; Lussin piccolo im Hafen.
C. punctatum Brocchi Phil. l. c. II. p. 38; Lussin grande, Neresine, Crivizza.
C. papillosum Poli Phil. l. c. I. p. 51, Reeve Conch. icon. pl. XX. F. 111; Neresine, blosse Schalen (9—10 Faden), Crivizza, Balvanida (32—35 Faden).
C. laevigatum L. Phil. l. c. I. p. 50, Reeve Conch. icon. pl. XIV. F. 69; Neresine, blosse Schalen (9—10 Faden).
C. sulcatum Lam. Phil. l. c. I. p. 50, Reeve Conch. icon. pl. XVI. F. 79; Cigale.

Lucina Brug.

L. pecten Lam. (Venus pecten L.) Phil. l. c. I. p. 31. tab. III. Fig. 14; Neresine in einer Tiefe von einigen Fussen, im Schlamm von Ossero.
L. spinifera Hanley Reeve Conch. icon. pl. VII. F. 39 (Venus spinifera Mont.) Phil. l. c. II. p. 25 (L. hyatelloides I. p. 32); Lussin grande.
L. fragilis Phil. l. c. I. p. 34 (Tellina lactea Chemn. VI. tab. 13. F. 125); Lussin grande, nur 2 Exemplare.

Galeomma Turt.

G. Turtoni Sow. Phil. l. c. II. p. 18. tab. XIV. F. 4. Arch. Naturg. 1839. l. p. 117. tab. III. Fig. 4, Grube, Ausfl. nach Triest p. 50; Lussin.

Coralliophaga Blainv.

C. setosa Dunker sp. n. F. 6.

„Testa parva subovalis, alba convexa, utrinque subcarinata, concentrice tenerrimeque striata, epidermide tenuissima, pallide cornea, marginem versus subsetosa vestita, antice brevis attenuata, rotundata, postice paulo compressa, dilatata, rotundato-truncata, margo ventris paene rectilineus, dorsum perparum fornicatum, umbones parvuli, acuti, antrorsum inclinati; ligamentum parvum. Cardinis structura Coralliophagae dactylo aliquo modo respondet, dentes valvae utriusque compressi irregulares a fossulis inter se recipiuntur idoneis; impressiones musculares pro exiguitate valvarum magnae, antica reniformis, postica subrotunda paulo major, impressio pallialis undulata postice sinuata cognoscitur. Long. 18 mill. Long. alt. et lat. ratio numeris 100, 58, 55 respondent.

Hace species non solum Modiolarum forma, sed etiam epidermide tenuissima, marginem versus subsetosa insignis est. Setae vero breves, distantes, minimae, sub vitro tantum perspicuae. (Dunker, briefliche Mittheilung.)

Das hier beschriebene Exemplar wurde vor Balvanida bei Crivizza in einer Tiefe von etwa 32 Faden gefunden.

Venus L. (s. str.).

V. fasciata Don. Phil. l. c. II. p. 34 (V. Brongniarti Payr. Cat. p. 51. pl. I. F. 25). Diese schöne Art habe ich nur bei Lussin grande aus dem Meer vor der Bucht von Val d'Arche und in wenigen Exemplaren erhalten; alle weiss durchscheinend mit 4 violeten breiten Strahlen, Area und Vulva violetbraun oder fein roth gesprenkelt.

V. verrucosa L. Phil. l. c. I. p. 43 (V. Lemanii Payr. Cat. p. 53. pl. I. F. 29, 30); Lussin piccolo, Neresine.

V. laeta Poli Phil. l. c. II. p. 35 (V. virginea L. p. 46, Chemn. Conchyl. VII. tab. 43. F. 447; Lussin grande (30 Faden), Neresine.

V. aurea Lam. Phil. l. c. I. p. 47; Crivizza, Lussin grande.

V. nitens Scacchi Phil. l. c. II. p. 35. tab. XIV. F. 14; Neresine, blosse Schale.

Cytherea Lam.

C. Cyrilli Scacchi Phil. l. c. II. p. 32 (C. apicalis Phil. I. p. 40. tab. IV. Fig. 5); Lussin piccolo.

Artemis Poli.

Cytherea lincta Lam. Phil. l. c. I. p. 41, Reeve Conch. icon. pl. I. F. 2; Neresine.

Petricola Lam.

P. lithophaga Bronn (Venus lithophaga Retz.) Phil. l. c. I. p. 21; Neresine (etwa 10 Faden), blosse Schalen.

Venerupis Lam.

V. Irus Lam. (Venus Irus L.) Phil. l. c. I. p. 21, Chenu Man. de Conchol. II. p. 95. F. 425; Neresine (15—20 Faden).

Saxicava Fleur.

S. arctica Phil. (Mya arctica Gm.) Phil. l. c. I. p. 20. tab. III. F. 3; Lussin grande in Schwämmen (35 Faden), Neresine in Steinen.

Tellina L.

T. donacina Gm. Phil. l. c. I. p. 24; Lussin grande vor Val d'Arche (20 Faden), blosse Schalen.

T. balaustina Poli Phil. l. c. I. p. 25; Neresine, 1 Exemplar.

Psammobia Lam.

Ps. costulata Turt. Phil. l. c. II. p. 21 (Ps. discors Phil. l. c. I. p. 23. tab. III. F. 8); Lussin grande, blosse Schale. Das einzige Exemplar ist weiss mit einzelnen kaum bemerkbaren blutrothen Fleckchen und einem vor dem Wirbel beginnenden schrägen bis zur halben Höhe herabsteigenden blutrothen Streifen.

Tellina feroënsis L. Phil. l. c. II. p. 20. 1. tab. III. F. 7; Lussin.

Solen L.

S. coarctatus L. Phil. l. c. I. p. 6. Chemn. VI. tab. VI. F. 45; Neresine, blosse Schale.

Syndosmya Recl. (Erycina Lam. e. p.).

Erycina pusilla Phil. l. c. 1. tab. 1. F. 5; Lussin. Ich besitze nur die linke Hälfte einer Schale, diese zeigt zwar keine deutlich begrenzte Mantelbucht, aber jedenfalls eine vorn und hinten gerundete nicht hinten eckige Gestalt, nur 1 Zähnchen vor dem Ligament und keine Seitenzähne, weshalb ich sie weder für E. Renieri noch für E. ovata, sondern nur für E. pusilla halten kann, welche Philippi freilich bloss als fossil angiebt.

Scrobicularia Schum.

Scr. piperata Woodward Man. p. 312. pl. 21. F. 14 (Mactra piperata Gm.). Lutraria piperata Lam. Phil. l. c. 1. p. 9; Lussin grande.

Thracia Leach.

Thr. pubescens Leach. Phil. l. c. II. p. 16. tab. 1. F. 16; Lussin piccolo im Hafen (20 Faden), blosse Schalen, die grösste 3,5" lang 2" hoch.

Thr. corbuloides Desh. Phil. l. c. II. p. 16, Reeve Conch. icon. pl. 1. F. 1; Lussin piccolo im Hafen, blosse Schale.

Thr. ovalis Phil. l. c. II. p. 17. tab. XIV. F. 2; Lussin piccolo, blosse Schale.

Pandora Brug.

P. flexuosa Sow. ? Phil. l. c. II. p. 14. tab. XIII. F. 12; Lussin grande (17 Faden).

Corbula Brug.

C. nucleus Lam. Phil. l. c. 1. p. 16. Enc. méth. pl. 230. F. 4: Neresine (9—10 Faden).

Gastrochaena Spengl.

G. Polii Phil. l. c. II. 3 (G. cuneiformis l. p. 2); Neresine, in leicht zerschlagbaren mergelartigen Ballen (8 Fuss), Crivizza im Hafen in Steinen (9—10 Faden), Privlaka bei St. Martino (25 Faden).

IV. Tunicata.

Ascidiae simplices.

Ascidia L.

Corpus sessile, sacciforme tunica coriacea vel hyalina vestitum, aperturis 2 verrucaeformibus vel planis, altera branchiali, semper anteriore (superiore), altera cloacali, plus minus inter se distantibus, nunquam omnino oppositis.

a. Tunica coriacea (Cynthia Sav.)

A. (Cynthia) papillosa L.

Cuv. Mém. pour servir à l'hist. et à l'anat. des Mollusq. Ascid. p. 19 pl. 2 Fig. 1. (Bohadsch tab. X. F. 1).

Ovali-oblonga, tumida, erecta, fuscius rubra vel latericia verrucis densis minutis in cuspidem excuntibus scabra; aperturae collis insidentes setis albis barbatae, branchialis 4-fida collo paulo crassiore longiore, cloacalis lateralis bilabiata.

Länge (Höhe) bis 2 Zoll, Dicke 1 Zoll oder etwas mehr.

Lussin piccolo im Hafen (18 Faden), Val d'Arche bei Lussin grande (30 Faden), Cigale (36 Faden), Balvanida bei Crivizza (27 — 30 Faden).

Die weissen Borsten besetzen die Ränder der Lappen, welche die Oeffnungen umgeben, und sind auch schon bei kleinen 17 mill. langen Exemplaren sehr ansehnlich; bei solchen erscheinen die späterhin kurzen starren Spitzen der Wärzchen als biegsame längere Borsten. Die rothe Farbe geht in Weingeist verloren.

A. (Cynthia) pomaria Sav.

Cynthia pomaria Sav. Mém. sur les anim. sans vert. II p. 156 pl. II Fig. 1.

Subovalis, brunnescens, subtilius corrugato-papillosa, papillis humillimis inermibus aperturae vix prominulae, 4-fidae, cloacalis lateralis.

Länge 16 mill., Breite 10 mill., Dicke etwa ebensoviel.

Zusammen mit A. claudicans gefunden, nur 1 Exemplar; dies stimmt am meisten mit der Abbildung des am linken Rande der A. microcosmus sitzenden Exemplars in Savigny's Figur, da die Oeffnungen nicht so weit als bei dem mittleren auseinander liegen.

A. (Cynthia) claudicans Sav.

Cynthia claudicans Sav. Mém. II. p. 150 pl. II. Fig 1. (2).

Oblonga haud compressa, alutacea (rubens, subfusca), papillis densissimis in aequalibus inermibus quasi areolata; aperturae mamillae pyramidales rubentes, 4-fidae, cloacalis brevior, lateralis.

Länge bis 24 mill., Breite bis 18 mill.

Lussin piccolo, im Hafen (17 Faden), und Cigale, oft an A. microcosmus sitzend, wie sie Savigny abgebildet. Die warzigen Erhöhungen der Aussenhülle sind ungleich mässiger als bei den beiden vorigen, im Umfang mehr eckig, bald spitz, bald etwas dachartig zugeschärft, nie in ein Stachelchen auslaufend; die Oeffnungen sind ebenso wenig wie bei A. pomaria mit Borsten eingefasst, der Leib verjüngt sich gegen die Kiemenöffnung halsartig, gegen die Kloakenöffnung nicht, und diese ist wie die andere kreuzartig gespalten.

A. (Cynthia) microcosmus Cuv.

Cuv. Mém. pour servir à l'anat. des Mollusq. Ascid. p. 15. pl. 1. Fig. 1. Sav. Mém. II. 144. pl. II. Fig. 1 (1).

Informis, saepius quasi ovalis, deplanata, crocea vel lutea, plerumque limo sordida, tunica transverse et oblique rugosa, frustis conchyliorum fucisque obtecta; aperturae paulo productae, longe distantes, intus-purpureo radiatae, 4-fidae.

Länge bis 4 und selbst 6 Zoll.

Lussin piccolo im Hafen (17—20 Faden), Neresine (9—10 Faden) in Menge. Die gemeinste Art unter den Cynthien.

 b. Tunica crasse-membranacea, paulo pellucida.

  A. fusca Cuv.

Cuv. Mém. Ascid. p. 20. pl. I. Fig. 7.
Alcyonium fusca Forsk. Icon. rer. nat. tab. XXVII. Fig. D. E.
Phallusia sulcata Sav. Mém. II. p. 162. pl. IX. Fig. 2.

Subglobosa leniter compressa, tunica tenui semipellucida, albicante, fibrillis brevibus obtecta, sordida: aperturae tubulares profunde canaliculatae, sibi proximae, divergentes, branchialis 8-fida, cloacalis 6-fida, brevior.

Länge bis 2 Zoll 4,5 Lin., Breite 1 Zoll 1,5 Lin. Bei einem kleineren Exemplar von 13 Lin. Länge ist die Kiemenöffnung $2\frac{1}{2}$ Lin. lang.

Lussin grande (17—20 Faden), Val d'Arche (30 Faden).

Savigny rechnet diese Art zu den Phallusien, die Wandung ist aber so dünn, dass man sie eher coriace als gelatineuse oder cartilagineuse nennen könnte, dabei ist sie etwas durchscheinend doch so mit Zöttchen bedeckt, an denen sich Schlamm anhäuft, dass sie lederartig aussieht; Cuvier sagt von der äusseren Hülle „mince demitransparent élastique légèrement cartilagineux à surface lisse." Die etwas knorpelartige Beschaffenheit kann ich von der Leibeswand nicht bestätigen. Dieser Weichheit der Wandung gegenüber haben die langgezogenen tiefgefurchten Mündungen etwas sehr Starres. Das Thier ähnelt einer plattgedrückten Retorte mit 2 Hälsen. Auch ich halte mit Lamarck und delle Chiaie dafür, dass Risso diese Art als Cynthia rustica Müll. beschrieben hat. eher würde die Abbildung der A. tubularis (Müll. zool. dan. IV. p. 12. tab. CXXX. Fig. 3) passen, allein bei beiden sind die Mündungen nicht cannellirt. Delle Chiaie führt A. fusca auf und bezieht sich auf Cuvier, nennt sie aber cartilaginea vel lapidea, was höchstens auf die Mündungen passt; die Abbildung seiner A. fusca soll Tab. XLV. Fig. 18 und 21 seiner Memorie darstellen, statt 18 ist wahrscheinlich 22 zu lesen.

 c. Tunica hyalina, gelatinosa vel cartilaginea (Phallusia Sav.).

  A. (Phallusia) mamillata Cuv.

Cuv. Mém. Ascid. p. 21. pl. 3. Fig. 1.

Oblonga, erecta, ochroleuca, eminentiis rotundatis inaequalibus mamillata, sacculo crasso. Lam.

Cuvier sagt, dass diese Art früher mehrfach mit A. mentula Müll. verwechselt sei; als Unterschied führt er an, die A. mentula sei viel weniger mit Buckeln besetzt und dunkelbraun oder grünlich (beaucoup moins bosselée, d'un brun foncé quelquefois noirâtre) und bedeutend kleiner, ohne darauf Rücksicht zu nehmen, dass Müller selbst diese Art pilosa und ihren Innensack roth nennt; und ebenso wenig geht Savigny auf diese Charaktere ein.

Für die so aufgefasste A. mentula hat Cuvier die alte Dicquemar'sche Bezeichnung „Reclus marin", A. monachus aufgenommen, A. mentula als Synonym hinzufügend, und diese Cuvier'sche Art ist mir ebensowohl bei Triest und Portoré als im Hafen von Lussin auf 18 Faden, ausserhalb desselben vor der Bocca falsa auf 19 Faden und bei Neresine auf 22, aber auch schon auf 10 Faden Tiefe begegnet. Ich habe aber auch solche Zwischenstufen zwischen A. mamillata und A. monachus gefunden, dass ich nunmehr der Ansicht bin, dass beide nur eine Art bilden; nicht bloss kleinere 2-zöllige Exemplare, sondern auch solche von $5\frac{1}{2}$ Zoll Länge bei $1\frac{3}{4}$ Zoll Breite mit fast ganz glatter Oberfläche und andere von ähnlichen Massen mit lauter flachen Buckeln bedeckte kommen neben einander vor, und unter den buckligen giebt es sogar solche, auf die der Ausdruck „oblong" oder „oval-oblong" und „aplati" gar nicht mehr passt, die vielmehr dicke und unförmliche Klumpen bilden, z. B. eines von fast 2 Zoll Dicke bei $3\frac{1}{4}$ Zoll Länge und $2\frac{1}{2}$ Zoll Breite mit enorm dicker Wandung. Die Ascidie, die von Gravenhorst *) als A. mentula beschrieben und noch im Breslauer Museum aufbewahrt ist, zeigt eine ähnliche unförmige Gestalt bei ziemlich glatter Oberfläche. Ob nun die nordische A. mentula Müller's doch eine eigene Art sei, kann ich, da mir norwegische Exemplare nicht zu Gebote stehen, hier nicht entscheiden. So lebhaft roth, wie er den Innensack derselben abbildet, habe ich ihn nie gesehen, ich fand ihn bei kleineren flachen ziemlich glatten Exemplaren röthlich; vielleicht ist die Färbung zu intensiv gegeben; die Hülle erscheint in der Abbildung braun, seine Beschreibung nennt sie nur „cinereo-flavescens."

Hiernach würde ich die A. mamillata Cuv. zu A. monachus ziehen und, Savigny's Beschreibung der letzteren zu Grunde legend, einige wenige Aenderungen hinzufügen:

A. (Phallusia) monachus Cuv.

Oblonga, complanata, inde ab apertura cloacali dilatata interdum crassissima informis, plus minus mamillata, vel laevis tunica subcartilaginea, subhyalino-albida punctis subfuscis sparsis obfuscata; aperturae haud prominulae valde distantes, branchialis sulcis levibus radiantibus 8, cloacalis lateralis 6 munita.

A. (Phallusia) parallelogramma Müll.

O. Fr. Müller Zool. dan. II. p. 11. tab. XLIX. Fig. 1—3.

„Candida, convexa, hyalina, sacculo reticulato lutescente, aperturarum altera laterali."

A. (Phallusia) virginea Müll.

Müll. Zool. dan. II. p. 11. tab. XLIX. Fig. 4.

„Elongata compressa, hyalina, laevis, striis transversis coccineis, sacculo rubente, apertura altera in vertice, altera versus latus, non tamen in ipso margine, sed intra eundem sita, inde in pagina altera tantum conspicienda."

---

*) Tergestina p. 40.

Beide sehr verwandte Arten glaube ich in meiner Ausbeute zu besitzen,
kann mich aber vorzüglich nur darauf stützen, dass die Kloakenöffnung bei
A. parallelogramma sich durchaus am Rande befindet, bei jeder Lage des
Thieres auf einer der breiten Flächen also sichtbar ist, dass sie bei A. virginea
hingegen an einer der beiden Flächen selbst, wenn gleich nahe dem Rande
liegt, und dass, wenn Müller's Abbildungen massgebend sind, der Darm bei A.
parallelogramma weniger Biegungen macht und sein Ende parallel dem
Rande verläuft, an dem die Kloakenöffnung liegt, während es bei A. virginea
in schräger Richtung von dem entgegengesetzten Rande dorthin hinüberläuft;
doch kann ich Müller nicht darin beistimmen, dass A. virginea härter als
parallelogramma und erstere convexa zu nennen sei, da beide plattgedrückt
sind, letztere freilich etwas weniger, und wenn er von ersterer sagt
„frustum glaciei visu tactu et ipso frigore refert," so gilt dies von A. parallelogramma
ebenso gut; die Mündungen treten weder bei der einen noch
bei der anderen Art über den Rand hervor, und erscheinen nur durch sehr
schwache ausstrahlende Furchen markirt, die Kloakenöffnung durch 6, die andere
durch 8, oder wie mir das einzige Exemplar von A. parallelogramma
zeigt, durch 7. Die Gestalt dieses Exemplars stimmt mit Müller's Abbildung
überein, und stellt ein längliches, an den Ecken abgerundetes, wenn auch nicht
an den langen Rändern leicht ausgehöhltes Rechteck mit gleich breitem Ober-
und Unterrand dar, während bei A. virginea sich die obere Hälfte etwas
verschmälert und der Oberrand mehr bogig rundet. Die Wandung von ersterer
ist noch jetzt so durchsichtig, dass man die Maschen des Kiemensackes
auf's deutlichste wahrnimmt, doch treten in ihnen die Quergefässe, umgekehrt
wie bei Müller, stärker hervor als die Längsgefässe.

Zur besseren Unterscheidung würde ich die Beschreibung dahin vervollständigen:

A. parallelogramma: Erecta oblonga rotundato-rectangula, satis complanata,
albido-hyalina, laevis, rigida: aperturae haud prominulae, rubrae,
leviter radiatae, branchialis radiis 8 (7), cloacalis in margine laterali ipso
sita radiis 6. Intestinum extremum secundum marginem lateralem ex fundo
ad anum ascendens.

Länge meines Exemplars 1 Zoll, Breite 6 Linien, Dicke 4 Linien; es wurde
vor dem Hafen von Lussin piccolo bei Coludar auf etwa 18 Faden Tiefe gefunden.

A. virginea: Erecta oblonga, latitudine antice plus minus decrescente,
complanata, albido-hyalina, rigida, laevis sacculo interno rubente: aperturae
haud prominulae sulcis subtilibus radiantibus munitae, cloacalis in pagina lata
marginem lateralem versus sita. Intestinum extremum via transversa ad anum
accedens.

Länge bis 2 Zoll, Breite $\frac{7}{}$ Zoll, Dicke 3 Linien.

Es ist auffallend, dass ausser Bruguière kein Systematiker A. virginea
aufführt, während A. parallelogramma zwar nicht von Savigny wohl aber

von Bruguière, Lamarck und Cuvier aufgenommen ist. Auch die nordischen Naturforscher Sars*) und Thorell**) erwähnen nur der letzteren. Jüngere Weingeistexemplare von A. mentula vermag ich von A. virginea fast nur durch die geringere Durchsichtigkeit ihrer Aussenhülle zu unterscheiden.

A. (Phallusia) prunum Müll.

Müll. Zool. dan. I. p. 42. tab. XXXIV. Fig. 1—3.
Delle Chiaie Mem. III. p. 186. 197. tab. XLV. Fig. 13.

Ovalis paulo complanata, laevis, tunica hyalina, pariete satis compacto, sacculo interno albo; aperturae prominulae verrucaeformes, radiis 8 sulcatae, cloacalis lateralis, supra medium sita.

Länge 16 mill., Breite 13 mill.

Ich habe nur 1 Exemplar von Lussin mitgebracht, bei diesem bemerke ich am Rande des inneren Sackes kurze querlaufende weisse, an der Peripherie öfters sich gablig spaltende Streifen, welche auch Müller in Fig. 1 andeutet; die Zahl der strahlig laufenden Furchen an den Mündungen ist nicht deutlich, delle Chiaie bildet an der Kiemenöffnung 8, an der anderen nur 5 ab und sagt, dass sie bei jener violet seien, bei dieser ein Kranz von rothen Pünktchen vorkäme.

A. (Phallusia) scabra Müll.

Müll. Zool. Dan. II. p. 33. tab. LXV. Fig. 3.

„Compressa, albida, scabriuscula, sacculo rubro, orificiis concoloribus."

Zu Müller's Beschreibung und Abbildung passt eine meiner Ascidien mit sehr durchsichtiger fast farbloser Hülle, die aber in der Nähe der beiden Mündungen so viele eingenistete Modiola discrepans trägt, dass ich über die Gestalt der letzteren nichts genaueres angeben kann; ich sehe nur, dass sie nicht klaffen („orificia potius coarctata"), wie dies im Gegentheil bei der nächst verwandten Art A. patula Müll. der Fall ist.

Letztere wird als teretiuscula scabra bezeichnet, während Müller von A. scabra sagt: „digito tantum aspera sentitur." Diese Rauhigkeiten sind an meinem Exemplar freilich unbedeutend und erscheinen unter dem Mikroskop nur als winzige kurze fadenförmige Papillen.

A. (Phallusia) cristata Riss.

Risso Hist. nat. des prod. IV. p. 276; Grube Ausflug nach Triest und dem Quarnero tab. II. F. 8.

Ascidia mamillaris delle Chiaie Mem. II. p. 197. tab. XLV. F. 14.

Ovalis plus minus compressa, tunica vitreo-hyalina papillis acutis cristisve rigidis cuspidulatis aspera, pariete crassiore: aperturae mamillaeformes, val-

---

*) Sars Reise i Lofoten og Finmarken (Magaz. for Naturvedensk. 1850) p. 37.
**) Thorell Bidrag till kännedsmen om Krustaceer som lefra i arter af slägtet Ascidia. 1859.

vis pyramidalibus clausae, branchialis longior, valvis 8, cloacalis lateralis interdum marginalis, a branchiali haud ita remota, valvis 6.

Länge bis $2\frac{3}{4}$ Zoll, Breite $1\frac{1}{2}$ Zoll, Dicke $\frac{7}{8}$ Zoll.

Lussin piccolo im Hafen (9—10 Faden), Neresine (22 Faden).

Eine der häufigeren Arten, schliesst oft Modiola discrepans ein. Die Abbildung von delle Chiaie's A. mamillaris scheint ein jüngeres Thier der A. cristata darzustellen. Bei kleineren Exemplaren finde ich die starren Papillen und Kämmchen der Leibeswand öfters nur unbedeutend, aber die Klappen der beiden Oeffnungen haben immer die pyramidale Gestalt.

A. (Phallusia) canina Müll.

Müll. Zool. Dan. II. p. 19. tab. LV. F. 1—6.

Elongata, subteres, flaccida, extremitate affixa, tunica tenui, hyalina, sacculo interno rubro; aperturae utraeque superiores, collis maxime retrahendis, parallelis, sese tangentibus, intus rubro sulcatis insidentes; branchialis 8-lobata, cloacalis 6-lobata.

Länge 20 mill., Breite 11,5 mill., Dicke 7 mill.

Crivizza (etwa 20 Faden), Val d'Arche bei Lussin grande (30 Faden).

Meine Exemplare entsprechen durchaus Müller's Figur 1—3, an dem Halstheil des Innensackes zeigt die Wandung von der Kiemenöffnung 8, von der Kloakenöffnung 6 herabsteigende zinnoberrothe Längsbinden. Bei anderen ohne jene rothe Streifen, welche 36 mill. lang und 11 mill. breit sind, und die der A. intestinalis L. Cuv. entsprechen würden, bemerke ich nur einen Kreis von röthlichen Punkten um die Mündungen.

Bruguière, Savigny und Thorell halten A. canina Müll. für eine eigene Art. Lamarck und delle Chiaie ziehen sie zu A. intestinalis, wozu auch Cuvier geneigt ist, und vereinen die intestinalis mit der corrugata Müll. Savigny stimmt hierin mit ihnen überein, und mir scheint letzteres eben so wenig zweifelhaft, ich möchte aber auch mit Lamarck A. intestinalis und canina zusammenwerfen, da sie sich nur durch die Färbung unterscheiden.

A. (Phallusia) fumigata Gr. sp. n. Fig. 5.

Subovalis, complanata, pagina lata altera affixa, altera leniter et inaequaliter convexa, sulcis aliquot gyrosis notata, margine expanso, paulo hyalina, quasi fumigata, intestino haud perlucente: aperturae satis distantes, branchialis marginem anteriorem versus, cloacalis posteriorem versus sita, inclinatae, labio exteriore crassiore, inferiore corpori ipsi adpresso, radiis quantum videre licuit, 6 subtiliter sulcatae in pagina superiore sitae.

Länge 32 mill., Breite 17 mill., Dicke 5 mill. (im Weingeist).

Crivizza (mehr als 20 Faden tief), auf der Innenfläche eines Bruchstückes von Dolium galea; nur 1 Exemplar.

Auffallend ist diese Art dadurch, dass sie ganz mit einer ihrer breiten Seiten angewachsen ist, indem der Rand ringsum sich verdünnt, die Oeffnungen weit auseinanderliegen und keine sich am Rande selbst befindet.

Ascidiae sociales.

Clavellina Sav.

Corpus sacciforme subtus attenuatum in pedunculum productum, gemmiparum, tunica hyalina, gelatinosa vel cartilaginea. Aperturae 2 in parte superiore sitae, patulae, haud lobatae.

Cl. Rissoana M. Edw.

Milne Edwards Observ. sur les Ascid. compos. p. 61.

Hyalina lineis thoracis et stomachi opacis, quas dicunt, (lignes opaques), lacteis, haud flavis.

Länge 34 mill., Breite des Leibes oben 12 mill., des Stieles 6 mill.

Vor dem Hafen von Lussin piccolo bei Scoglio Zabadoski (27 Faden tief), Cigale (30 Faden).

Das Exemplar ist nicht mehr gut, doch hinreichend erhalten, um jetzt noch zu erkennen, dass die Querreihen der Kiemenstigmata zahlreich sind, etwa 12 oder mehr, und der Thorax, Oesophagus und Magen von ähnlichen Dimensionen und ähnlicher Lage wie bei Cl. lepadiformis.

Ascidiae compositae.

Amarucium M. Edw.

Stroma cartilagineum vel hyalino gelatinosum, sessile vel pedunculatum. Animalcula vermiformia, thorace, abdomine, postabdomine munita, apertura branchiali 6-lobata, cloacali sub processu ligulaeformi in cloacam communem exeunte, apertura cloacae communis haud lobata.

A. albicans M. Edw.

Milne Edw. O. c. p. 73. pl. 1. F. 3 [b].

Glomera cartilaginea minuta subhyalino albida, modo sessilia, pulvinaria, superficie aequaliter convexa, modo clavaeformia superficie mammillata; animalcula albido-grisea.

Länge des grössten keulenförmigen Exemplars 26 mill., Dicke oben 10, unten 5 mill.; Crivizza (27—30 Faden), Lussin piccolo im Hafen.

A. proliferum M. Edw.

Milne Edw. O. c. p. 67. pl. 1. F. 3, 3 [a].

Stroma carnosum interdum pedunculatum, fulvum; animalcula sine ordine cloacam communem 1 vel plures circumdantia, parte superiore rubente, apertura branchiali distincte 6-loba, lobis albicantibus, acutis.

Lussin.

Länge des grössten Exemplars 60 mill., Breite 24 mill., Dicke 14 mill., gewöhnlich kleiner bis 40 mill. lang, zuweilen dicker als breit. Die Thierchen bei dem grössten Exemplar bis 12 mill. lang.

Aplidium Sav.

Amarucio simile, cloacis communibus nullis.

Apl. ficus Sav. ?
? **Alcyonium pulmonaria** Ellis Naturgesch. d. Corallen p. 89. pl. XVII. b. B. C. D.

Stroma cartilagineum, lobatum, lobis teretiusculis, raro longioribus, ex viridi griseum, minus hyalinum subtus pallidius, praeter animalcula particulis minimis albidis repletum: animalcula sine ordine disposita, vermiformia, breviuscula, apertura branchiali 6-loba.

Die beiden unter meinen Lussiner Vorräthen gefundenen Exemplare, nach denen ich obige Beschreibung entworfen, sind von mir nicht lebend beobachtet worden. Die Thierchen, welche jetzt 3 mill. lang und vorn 0,75 mill. dick sind, zeigen nicht alle gleich deutlich die Theilung in Thorax, Abdomen und Postabdomen; wo sie erkennbar ist, beträgt die Länge des letzteren weniger als Thorax und Abdomen zusammengenommen: daher gehört unser Aplidium jedenfalls in Savigny's erste Tribus. Das kleinere Exemplar hat die Form einer einfachen Keule von $\frac{3}{4}$ Zoll Länge und $\frac{1}{4}$ Zoll Dicke, das grössere bildet eine gelappte Masse von 2 Zoll Länge, 1,5 Zoll Breite und $\frac{3}{4}$ Zoll Dicke, deren Lappen aber nicht an die Theilung einer Lunge erinnern, sondern mehr kurze, dicke, rundliche Aeste darstellen. Das ganze Stroma ist mit kleinen weisslichen, im Leben vielleicht gelben weichen Partikelchen erfüllt, welche zum Theil wie kleine Bälge oder Eichen aussehen und mit den Körpern der Thiere in keiner Verbindung stehen; ausser diesen finden sich hin und wieder winzige Crustaceen von der Form der Cyclopiden in der Masse. Auch die Oberfläche sicht wie überstreut mit weissen Partikelchen aus, aber dieses sind meistens harte Körperchen, namentlich Stückchen von Conchylienschalen, die allerdings nicht allein äusserlich ankleben, sondern zum Theil tiefer in die Haut eingedrückt und wirklich von ihr überzogen sind. Im Weingeist sind die Kiemenöffnungen an der Oberfläche des so dunklen und wenig durchscheinenden Stroma kaum erkennbar, während sie Ellis sehr ausgeprägt sternförmig abbildet. Die Thierchen selbst liegen meist strahlig von der Achse gegen die Peripherie, einige auch etwas parallel der Oberfläche.

Delle Chiaie citirt zu dem von ihm beschriebenen **Aplidium lobatum** Sav. ebenfalls die oben erwähnte Figur von Ellis, die eben Savigny selbst zur Aufstellung einer eigenen Art **A. ficus** benutzt: mit diesem A. lobatum delle Chiaie's, welches „obovatum pulposum atro-rubrum" genannt wird, scheint unsere Art gewiss nicht zusammenzugehören, und ebenso wenig scheint es erlaubt, das **A. gibbosulum** Sav. auf dieselbe zu beziehen, dessen Thiere ein viel längeres Postabdomen besitzen.

Apl. crystallinum Ren.
Policitore crystallino Renier Osservaz. postume Venez. 1847. p. 17. tab. XV.

Stroma depresso-subglobosum, carnoso-cartilagineum, subglauco-hyalinum, haud gibbosulum, animalculis spissis repletum; animalcula albida, longe retrahenda, apertura branchiali 6-loba.

Vor Cigale (31—32 Faden).

Die Abbildung Renier's zeigt ein plattgedrücktes kugliges Stroma von 3 Zoll Länge und 2 Zoll Höhe; mein grösstes Exemplar, unten dünner zulaufend, wie ein Kugelausschnitt, und etwas plattgedrückt, ist nur 32 mill. hoch, 24 mill. breit und 11 mill. dick; die wurmförmigen Einzelthierchen etwa 24 mill. lang. Renier erwähnt nicht der 6 spitzen Läppchen an der Kiemenöffnung, die ich noch jetzt an Weingeist-Exemplaren deutlich wahrnehme. Da das Postabdomen viel länger als der übrige Körper ist, an dem übrigens Thorax und Abdomen nicht scharf geschieden sind, so gehört diese Art zu Savigny's zweiter Abtheilung der Gattung.

Leptoclinum M. Edw.

Stroma pulvinar vel crustam referens; animalcula breviuscula, thorace et abdomine munita, apertura branchiali 6-loba, cloacali sub lobulo ligulaeformi in cloacam communem exeunte.

L. durum M. Edw.

Milne Edw. Asc. comp. p. 82. pl. 8. F. 4, 4ᵃ.

Stroma crusta tenuis coriacea fucos obducens colore pallide-ochraceo globulis calcareis undique cuspidatis densissime repletum, aperturis branchialibus minimis densis stellaeformibus, radiis 6, interdum 4.

Lussin piccolo.

Die sternförmigen Oeffnungen haben etwa nur $\frac{1}{4}$ mill. im Durchmesser und stehen etwa $\frac{1}{2}$ mill. von einander ab. Die gemeinsamen Kloakenöffnungen sind gut unterscheidbar, zuweilen mit einem etwas verdickten Raum umgeben.

L. asperum M. Edw.

Milne Edw. Asc. comp. p. 82. pl. 8. F. 3, 3ᵃ.

Leptoclino duro simile, stroma globulis calcariis undique cuspidatis dense repletum, pallide fulvum, magis carnosum, aperturis branchialibus paulo majoribus minus distincte circumscriptis, papillis conicis interdum bifurcis brevibus duriusculis interjectis asperum.

Lussin piccolo an Dictyomena volubilis.

Die Sternchen sind weniger deutlich, theils weil in der fleischigen Substanz die Kalkkörperchen als weisse Pünktchen erscheinen und daher die weissen ebenfalls davon erfüllten Läppchen der Sterne sich weniger absetzen, theils weil überall dazwischen sich starre conische Zäpfchen erheben. Der Abstand der Sternchen beträgt etwa 1 mill.

L. fulgens M. Edw.

Milne Edw. Asc. comp. p. 83. pl. 8. F. 5.

Stroma crusta tenuis miniacea, coriacea globulis calcariis undique cuspidatis dense repleta, aperturis branchialibus sparsis numerosis punctiformibus, saepe paulo immersis, haud evidenter stellaeformibus, a stromate haud ita distinctis, aperturis cloacarum communium satis crebris.

St. Martino bei Lussin grande.

Bei Crivizza auf 30 Faden Tiefe habe ich auf Dictyomenia volubilis zusammengesetzte Ascidien gefunden, deren Stroma eine ähnliche doch weniger lederartige Beschaffenheit zeigte, die aber niemals grössere hautartige Ueberzüge, sondern nur Polsterchen oder halbkugelige Massen von etwa 6 mill. oder etwas grösserer Breite bildeten, und deren Farbe intensiv weiss war. Ebenso wenig waren die Kiemenöffnungen bei einer schwachen Vergrösserung sternförmig ausgeprägt und erschienen mehr wie punktförmige Einsenkungen; an manchen konnte ich sie aber gar nicht erkennen, bei diesen schienen auch die gemeinsamen Kloakenöffnungen zu fehlen, und die ganze Oberfläche erschien unter einer schärferen Loupe wie gefeldert, die Felderchen von etwa 0,5 mill. Durchmesser. Ob hier vielleicht zwei Arten vorliegen, muss ich weiteren Untersuchungen an Ort und Stelle vorbehalten, vielleicht gehören diese Formen zu L. gelatinosum Edw.

L. rubellum Gr.

Didemnium rubellum Grube Ausflug nach Triest p. 134. tab. II. F. 4.

Pulvinaria vel glomera minus crassa, interdum pyriformia, algas obducentia, ex rubello vel carneo punicea, stromate molli subhyalino carnoso-gelatinoso, globulis calcariis undique cuspidatis variae magnitudinis repleto, inde albo punctato, aperturis branchialibus distincte stellaeformibus, 6-lobis, area pellucidiore circumdatis, lobis albo limbatis.

Neresine, Lussin grande (35—37 Faden).

Kleine, die Stengel von Algen umkleidende, oft birnförmig an einem Ende verdünnte Ballen oder aufgelagerte Polsterchen, namentlich auf Dictyomenia volubilis. Diese zusammengesetzte Ascidie ist von mir früher nach einem Exemplar als Didemnium beschrieben worden; während meines Aufenthalts auf Lussin habe ich jedoch Gelegenheit gehabt, dieselbe öfters zu finden und an vielen sehr deutlich umschriebene, oft weit geöffnete gemeinsame Kloakenöffnungen beobachtet; sie massen an Ballen von 13 mill. Länge bisweilen 2 bis 2,5 mill. im Durchmesser und erschienen durch 5 oder mehr weissgesäumte flachrunde Läppchen begrenzt, wogegen ich an anderen ganz ähnlichen Exemplaren durchaus keine solche Oeffnungen nachweisen kann. Je nach der Erhaltung der Weingeistexemplare, die übrigens sämmtlich ihre rothe Färbung verloren haben, und nach der Dichtigkeit der Substanz des Stroma hat diese Art ein etwas verschiedenes Aussehen; mitunter ist das letztere so durchscheinend, dass man die ganzen Körperchen der einzelnen Thiere erkennt, und ihre Kiemenöffnungen erscheinen zuweilen so stark contrahirt, dass sie nur $\frac{1}{4}$ mill. im Durchmesser haben, während sie sonst bis $\frac{2}{3}$ mill. messen.

L. cinnabarinum Gr.

Grube Ausflug nach Triest p. 133. tab. II. Fig. 3.

---

*) Asc. compos. p. 83. pl. 8. F. 1.

Der Farbe nach mit den dunkelsten Exemplaren von L. rubellum übereinstimmend, aber wegen der lederartigen Consistenz des Stroma und seiner Undurchsichtigkeit doch von einem andern Ton des Rothen. Für dieselbe Art halte ich ein bei Crivizza auf 30 Faden Tiefe gefundenes Leptoclinum, das ein Polsterchen von 14 mill. Länge und 7 mill. Breite auf einer Cynthia bildet und eine blassviolete Färbung besitzt, im Uebrigen aber ganz mit L. cinnabarinum übereinstimmt. Ich sehe an ihm nur eine gemeinsame Kloakenöffnung und zwar von rundlicher Form.

L. Listerianum M. Edw.

Polyclinum Sp. List. Phil. Transact. 1834. P. II. p. 382. tab. XII. F. 1 („like a grey slemy crust speckled with white and black").

Crusta tubos Chaetopteri pergamentacei obducens, haud ita crassa, pallide grisea maculis nigricantibus marmorata, stromate subgelatinoso-carnoso, globulis calcariis undique cuspidatis dense repleto, aperturis branchialibus plerumque ad marginem macularum sitis, minimis, haud vere stellaeformibus; aperturae cloacarum communium saepius in centro macularum perspicuae.

Bei Crivizza auf 27 bis 30 Faden Tiefe.

Von den beiden Exemplaren dieses Leptoclinum, die ich gefunden habe, bekleidete eines noch die Röhre eines Chaetopterus, das andere sah wie ein an beiden Enden offener plattgedrückter Sack aus und schien von einer solchen abgestreift.

Die Farbe hat sich im Weingeist nicht verändert. Die winzigen Thierchen pflegen an dem Rande der schwärzlichen meist 1,5 bis 2,5 mill. langen Flecken, an den kleineren zu 6 bis 7, an den grösseren zu 12 oder mehr, um die gemeinsame bis 1 mill. lange Kloakenöffnung herumzustehen; sie sind jetzt aus dem gallertig-fleischigen zähen Stroma schwer herauszupräpariren, besitzen eine ganz kurze Form, die, insofern sich nicht ein deutlich abgesetztes Abdomen erkennen lässt, mehr an Botrylloides als an Leptoclinum erinnert, laufen hinten in einen graden etwas starren Faden aus, der nicht das Ansehen eines Stolonen hat, auch nirgend anschwillt oder sich theilt, sondern mehr wie ein zur Befestigung dienender Theil aussieht. Die Kiemenöffnungen sind oft von einem schwärzlichen Ringe umgeben, erscheinen jedoch durchaus nicht sternförmig gezackt und setzen sich deshalb von dem Stroma wenig deutlich ab. An einzelnen bemerkt man allerdings eine sternförmige Zeichnung, indessen besteht diese nur aus 6 einfachen, aus einer Reihe Kalkkörperchen gebildeten Strahlen, die auf die Mitte der Randläppchen fallen, während bei den übrigen Leptoclinen die beiden Ränder jedes Läppchens auf diese Weise eingefasst sind, die sternförmige Zeichnung also durch Doppellinien hervorgebracht wird. Das Stroma ist wie bei andern Leptoclinen reichlich mit Kalkkörperchen erfüllt.

Für dieselbe Art möchte ich eine ganz ähnliche zusammengesetzte Ascidie halten, die jedoch weiss und blutroth marmorirt ist und recht eigentlich dem Namen „pulmo marinus" entsprechen würde, der doch ein anderes Thier bezeichnen soll.

Didemnium Sav.

Stroma et animalcula Leptoclino similia; cloacae communes nullae.

D. variolosum Gr. Fig. 4.

Dyctyomenias et Serpularum tubos obducens, laeve, stromate gelatinoso-carnoso ex griseo pallide brunneo glomerulis calcariis repleto, sulcis flexuosis linearibus minus incisis areolato, aperturae branchiales tumidulae, albae plerumque ovales raro distincte stellaeformes, lobulis teneris, sulcos stromatis sequentes vel in areolis ipsis quoque sitae.

Das mir vorliegende Exemplar stellt einen Ueberzug von 2,5 Zoll Länge, 1,5 Zoll Breite und etwa 1 Linie Dicke dar, dessen Felderchen 2—4 mill. lang, 1,5 mill. breit sind.

Lussin piccolo im Hafen (17 Faden).

Die kleinen 0,5 mill. langen Thierchen, welche von den benachbarten etwa 0,5 mill. abstehen, haben weisse, von Kalkkörperchen erfüllte, sich etwas pustelartig erhebende Ränder der Kiemenöffnungen, die häufiger zweilippig als 6-zackig aussehen. Sie stehen meist an den Furchen des Stroma und veranlassen deren kleinere Wellen-Biegungen. Die Färbung ist durch den Weingeist nicht verändert.

Hierher könnte **Aplidium lobatum** Risso[*] gehören, das durch seine Färbung jedenfalls von A. lobatum Sav. abweicht, auch nicht mit meinem **Didemnium lobatum**[**] identisch ist, welches gar keine Gyri und ein bläulich hellgraues Stroma mit ganz zerstreut stehenden weissen Sternchen besitzt.

D. exaratum Gr.

Grube Ausflug nach Triest p. 134. tab. II. F. 3.

Diese Art steht dem D. variolosum nahe, unterscheidet sich aber durch die grössere Festigkeit und lederartige Beschaffenheit des Stroma, dem deshalb die hervorragenden Kiemenöffnungen der Thierchen eine etwas rauhe Oberfläche geben, durch die tieferen Gyri, die dadurch schärfer abgegrenzten Felderchen und die entschieden graue oder selbst weissliche Färbung des Stroma, gegen die die Ränder der Kiemenöffnungen nicht abstechen.

Das bei dieser Reise erhaltene Exemplar bildet einen Ueberzug von etwa 2,3 Zoll Länge, 1 Zoll Breite und 1 Linie Dicke, und zeigt an einem grossen Theil seiner Oberfläche so scharf hervortretende und seitlich gerichtete conische Kiemenöffnungen, dass, da dieselben auch hier an den Furchen stehen, die Felderchen 5-, 6-, 10- oder noch mehr zackig, zuweilen regelmässig sternförmig erscheinen.

Lussin piccolo im Hafen (17 Faden).

Zu dieser Gattung stelle ich fraglich noch eine zusammengesetzte Ascidie, deren Thierchen kein Postabdomen besitzen.

---

[*] Risso Hist. nat. des prod. de l'Eur. mérid. IV. p. 278.
[**] Grube Ausflug nach Triest p. 133. tab. II. F. 5.

D. gyrosum Gr. Fig. 3.

Stroma carnosum, glomerulis calcariis carens, alia corpora obducens, laeve, sulcis profundis crebris cerebri instar sinuosis munitum, ex carneo helvolum, punctis internis ex nigro-griseis sulcos sequentibus variegatum; animalcula maxime retracta, ob minorem stromatis pelluciditatem haud perspicua miniacea, hic illic coacervata apertura branchiali obliqua, interiore 6-loba, sine ordine disposita.

Länge des Ueberzuges 35 mill., Breite 22 mill., Dicke 1,6 mill., Länge der Thierchen im Weingeist 1,3 mill., bei Punta di Zabadoski unfern Lussin piccolo (27 Faden).

Die deutlich 6-lappige Kiemenöffnung, die dicht daneben liegende einfache, von keinem Zipfel bedeckte Kloakenöffnung, die ganze Gestalt der einzelnen Thierchen, an denen man nur Thorax und Abdomen unterscheiden kann, und die Uebereinstimmung derselben mit der von Milne Edwards gegebenen Abbildung von Didemnium gelatinosum (Asc. compos. pl. 7. F. 5) haben mich bewogen, diese zusammengesetzte Ascidie, deren Thierchen so tief in das Stroma eingebettet sind, dass man sie nur von der Unterfläche desselben her leicht herauslösen kann, zu dieser Gattung zu stellen. An einzelnen Stellen der Gyri des Stroma bemerke ich zwar eine Erweiterung, die an eine gemeinschaftliche Kloakenöffnung erinnert, allein ich kann sie nicht weiter in das Innere verfolgen. Die Thierchen scheinen gruppenweise vertheilt zu sein. Charakteristisch sind die an die Gyri eines Gehirns erinnernden tiefen Furchen auf diesem Stroma und die Abwesenheit der mikroskopischen zackigen Kalkkörperchen, die ich sonst bei allen Leptoclinen gefunden; seine Masse ist auch während des Lebens so wenig durchscheinend, dass ich die Thierchen nicht durchschimmern sehen konnte. Ihre mennigrothe Farbe haben sie im Weingeist verloren. Die schwarzgrauen, wie Fleckchen erscheinenden, aber nur von Innen durchschimmernden Körperchen, welche sich an beiden Rändern der Furchen einzeln hinziehen, und die ich anfangs für die Thierchen selbst zu halten geneigt war, scheinen nur kleine Knospen oder Eichen zu sein.

Encoelium Sav.

Stroma et animalcula cum Didemnio congruentia, cloacis communibus nullis sed aperturis branchialibus haud stellaeformibus.

E. ravum Gr.

Grube Ausflug nach Triest p. 134.

Das bei Lussin erhaltene Exemplar, ebenfalls graulich gefärbt, mit röthlichen Rändern der Kiemenöffnungen und mit fleischigem, der Kalkkörperchen entbehrendem Stroma, überzieht einen Theil einer Cynthia. Die Art scheint E. hospitiolum Sav. verwandt, aber die Kiemenöffnungen erscheinen weniger bestimmt umschrieben und erhaben und stehen dichter und regelmässiger; delle Chiaie, der E. hospitiolum auch bei Neapel gefunden hat, nennt es sogar „coriaceum", Savigny spricht nur von einer „enveloppe transparente, tenace, extensible."

Botryllus Sav.

Stroma gelatinosum vel cartilaginosum, crustas vel glomera referens, animalcula horizontalia, thorace et abdomine haud distinguendis, radiatim circa orificium centrale, aperturas singulas cloacales recipiens disposita; aperturae branchiales animalium haud stellaeformes, cloacales illis oppositae.

B. Renieri d. Ch.

Polycyclus Renieri Lam., B. Renieri delle Chiaie Memorie 1828. III. p. 84, 93, 99. tab. XXXVI. F. 10.

Stroma subovale, crassum, paulisper depressum, carnosum, subhyalinum, circum circa systematibus animalculorum obtectum, basi angusta affixum, fumigatum subfusco-punctatum; animalcula pallide lutea 7-na ad 16-na, orbes figurasve oblongas componentia circa orificium 1 vel 2 collocata, subpyriformia, aperturae branchiales ut illud albido limbatae, striolis albidis radiantibus ornatae.

Etwas plattgedrückt eiförmige Masse von 35 mill. Länge und 29 mill. Breite (im Weingeist nur auf 31 mill. Länge und 24 mill. Breite zusammengezogen). Die Thierchen im Weingeist sind 2,5 bis 3 mill. lang und 1,5 mill. breit, die Figuren, die sie zusammensetzen, entweder von kreisförmigem Umfange und dann kleiner, etwa 7 bis 9 mill. im Durchmesser, oder langgezogen und dann bis 11 mill. lang.

Lussin piccolo im Hafen (20 Faden).

Ausser den Botryllus mit horizontalen Leibern, welche rindenartige Ueberzüge bilden, giebt es auch einige, deren Stroma dicke ballenförmige, nur mit der Basis angewachsene, an der ganzen Peripherie mit strahligen Gruppen von Thierchen besetzte, die also in dieser Hinsicht den Amaroucien ähneln; aus diesen macht Lamarck seine Gattung Polycyclus, die delle Chiaie als Unterabtheilung von Botryllus aufgenommen hat. In diese Gruppe gehört die vorliegende Ascidie, in der ich den Botryllus Renieri Lam. wieder zu erkennen glaube; Lamarck charakterisirt denselben, indem er sich auf einen mir unzugänglichen Brief von Renier an Olivi bezieht[*]): „Polycyclus elongatus, convexus, utrinque attenuatus, luteolus, orbulis azureis sparsis." Aus den Bemerkungen von Risso und delle Chiaie ist wenig mehr zu entnehmen; Savigny, der diese Art als Botryllus polycyclus aufzuführen scheint, giebt freilich eine Abbildung, deren Farben durchaus andere sind, und auf die ich nicht gut verweisen könnte, allein er sagt im Text ausdrücklich: „à tubes marginaux rougeâtres, terminés de bleu violet," und da Lamarck die ganze Masse gelblich nennt, so könnten wohl auch die einzelnen Individuen mehr gelblich als röthlich zu nennen, das Blaue aber an den Mündungen bei unserem Exemplar weisslich sein; die 8 dunkelblauen Punkte um die Kiemenöffnung kann ich freilich gar nicht erkennen.

Ein anderes Exemplar aus dem Hafen von Lussin von etwa 15 Faden Tiefe, vielleicht nur eine Varietät des B. Renieri, viel grösser, 4,5 Zoll lang

---

[*]) Lettre de M. E. A. Renier à M. J. Oliv. p. 1. tab. 1. F. 1—12.

und fast ebenso breit, auch etwas plattgedrückt, zeigt in einem weisslich durchscheinenden Stroma theils ähnlich gestaltete, theils viel länger gestreckte, zu weilen eine seitliche Biegung machende Systeme von 9 bis 15 mill. Länge und 7 mill. Breite von dunkelbraunen Thierchen mit gelber Kiemenöffnung; die Länge der einzelnen Thierchen ist dieselbe.

B. Baeri Gr. n. sp. Fig. 1.

Membrana tenuissima, stromate omnino hyalino, systemata animalculorum ex 17, 21, 24, 26 constantia subovalia, animalcula circulos 2-nos, exteriorem et interiorem, componentia, stolonibus filiformibus inter se conjuncta, pyriformia ex nigro fusca albo-punctata, fundo pallidius rubricoso, apertura branchiali colore castaneo, tubo cloacali modo contracto modo producto albo, extremitate brunnea.

Crivizza (auf etwa 27 Faden Tiefe).

Das einzige Exemplar, das ich erhalten habe, ist ein farbloser, etwa 21 millimeter langer und 15 Millimeter breiter hautartiger Ueberzug auf der Innenfläche einer Schale von Dolium galea mit 5 Systemen von Individuen von höchstens 9 Millimeter Länge und 5 Millimeter Breite von ziemlich ovaler Form; die Thierchen selbst, ausgestreckt keulen- oder stumpf spindelförmig, bis 2 mill. lang, im zusammengezogenen Zustande fast kreisrund hinten mit kurzer Spitze, nur 1 mill., stehen nicht so geschlossen wie bei der vorigen Art, und auch die Systeme von einander weniger auffallend gesondert: überall kann man einen inneren und einen äusseren Kreis unterscheiden, bei einer Gruppe von 17 Thierchen zähle ich 6 im inneren und 11 im äusseren derselben. Der Leib der einzelnen Thiere ist schwarzbraun, weiss getüpfelt, die Umgebung der Kiemenöffnung blass bräunlichroth, sie selbst röthlich gelbbraun. Die Kloake jedes Thierchens bildet ein dünnes weisses verlängerbares Rohr mit rothbraunem Ende. Ausserdem geht von jedem Leibe nahe dem Ursprung dieses Rohrs ein zarter bräunlich graulicher Faden ab, welcher entweder dies Individuum mit dem nächsten verbindet oder doch mit einem ähnlichen Faden seines Nachbars gablig zusammenstösst, so dass alle Individuen einer Gruppe mehr oder minder mit einander im Zusammenhang stehen. An diesen Fäden bildet sich in der Nähe eines Thierchens hin und wieder ein opakes, kurz gestieltes ovales Körperchen von etwa $\frac{1}{10}$ bis $\frac{1}{4}$ mill. Länge, das ich nur für eine Knospe halten kann. Die gemeinschaftlichen Kloakenmündungen sind wegen der grossen Durchsichtigkeit des Stroma schwer erkennbar. Längs dem Rande der ganzen Gallertscheibe zieht sich ein mit jenem Netzwerk in Verbindung stehender bräunlicher Faden hin, von dessen Aussenrande eine Menge gestreckt birn- oder keulenförmiger, zu je 2 oder 3 zusammenliegender Ausläufer entspringt (tubes marginaux S.), die ebenfalls wie Knospen aussehen.

So nahe dem hier beschriebenen Botryllus die zuerst von Schlosser[*]) beschriebene und ihm zu Ehren von Pallas Alcyonium Schlosseri benannte

---

[*]) Act. angl. XLIX. 1757. p. 449. tab. XIV. F. A—C.

Art steht, kann ich sie doch nicht für dieselbe halten, da weder Schlosser noch Pallas*) noch Savigny**) jener netzartigen Verbindung der einzelnen Thierchen gedenken, diese letzteren gelb oder gelb und braun beschrieben werden und die Zahl der Individuen eines Systems gewöhnlich nur 10 bis 12, höchstens 20 sein soll. Ausserdem spricht noch Savigny bei ihnen von einer „ligne radiale bordée de cette même couleur (ferrugineux obscur)" und einer weissen mit einem Kranz grosser dunkelrother brauner Flecken umgebenen Kiemenöffnung, beides habe ich nicht bemerkt; er weicht darin aber auch von seinen Vorgängern ab, und ebenso giebt er die Länge der Individuen nur auf $\frac{1}{2}'''$ an, während sie nach Schlosser's und Pallas' Abbildung meist 1 bis fast $2'''$ (4 mill.) beträgt; bei meinem Exemplar schwankt sie zwischen 1 und 2 mill. Ferner zeigen jene Figuren selbst da, wo 16 Individuen zu einer Gruppe verbunden sind, immer nur die einfache Sternform, bei der alle Strahlen von der Mitte beginnen, während sich bei unserer Art in der Anordnung der Individuen mehr oder weniger die Anlage zu 2 Kreisen ausspricht, einem inneren und einem äusseren deren Strahlen alterniren; die von Savigny citirte Abbildung und Beschreibung von Borlase***) habe ich leider nicht vergleichen können.

Botrylloides Edw.
Stroma et animalcula cum Botryllo congruentia sed plerumque paene verticalia, apertura branchiali et cloacali vicinis, haud oppositis, cloacali sub lacinia posita; animalcula ordinibus longitudinalibus cloacam communem sequentia, cloacae communes radiatim in cloacam centralem, ostio centrali apertam exeuntia.

B. rosaceus Fig. 2.
? Botryllus rosaceus Sav. l. c. II. p. 198. pl. XX. F. 3.
Stroma hyalinum. Animalcula rubro-purpurea, stria albida ab apertura branchiali ad marginem corporis proximum percurrente.
Crivizza etwa auf 27 Faden Tiefe.
Die einzelnen Thierchen sind etwa 1,5 mill. lang und oval, die seitlichen Systeme, welche nach 5 Richtungen von der centralen Kloakenöffnung ausstrahlen, enthalten 8—10 Thierchen; die ganze Gallertscheibe, welche auf Codium bursa sass, ist fast kreisförmig, 10 mill. lang und 9 mill. breit und zeigt in der Tiefe noch eine Menge kleiner weicher graulicher ovaler, mit einer häutigen Hülle umgebener Körperchen, welche mit dem Leibe der Thiere in Verbindung stehen oder ihm ansitzen, und welche ich für Knospen halte.

V. Bryozoa.

Salicornaria Cuv.
S. farciminoides Johnst. Brit. Zooph. 2 Ed. p. 355. pl. LXVI. F. 6, 7. (Cellularia salicornia Pall. Lam.); Cigale (c. 30 Faden).

---
*) Spicil. zool. Fasc. X. p. 37. tab. IV. F. 1—4.
**) Mém. sur les anim. sans vertèbr. II. p. 200. pl. XX. F. 5.
***) The natural history of Cornwall p. 254. tab. 25. F. 1—4.

Busk unterscheidet von dieser Art eine S. gracilis, mir scheint aber der Unterschied nur bei vollständig erhaltenem Avicularien leichter erkannt werden zu können. Die Aeste meines Exemplars sind sehr schlank und meistens je 4 Zellen hinreichend, die Peripherie zu umspannen.

Scrupocellaria v. Bened.

Ser. scruposa v. Bened. Recherch. pl. 5. F. 8—16, Busk Catal. of marine Polyzoa Brit. Mus. Cheilostom. p. 25. pl. XXII. F. 3, 4. (Sertularia scruposa L.), Cellularia scruposa Pall. Johnst. Brit. Zooph. 2 Ed. p. 336. pl. LVIII. F. 5, 6; Lussin.

Ser. scrupea Busk Cat. Polyz. Brit. Mus. Cheilost. p. 24. pl. XXI. F. 1, 2; Lussin.

Bugula Oken.

B. flabellata Busk l. c. p. 44. pl. LI., LII. (Avicularia flabellata Thomps. Mss., Flustra avicularia Johnst. Brit. Zooph. 2 Ed. p. 346. pl. LXIII. F. 3, 4); Lussin.

B. plumosa Busk l. c. p. 45. pl. LIV. (Sertularia fastigiata L., Cellularia plumosa Pall.); Lussin.

Lepralia Johnst.

L. pertusa Johnst. Brit. Zooph. 2 Ed. p. 311. pl. LIV. F. 10, Busk l. c. p. 80. pl. LXXVIII, LXXIX. F. 1, 2. (Cellepora pertusa Esp.), Escharina pertusa M. Edw. Lam. 2 Ed. II. p. 234); Neresine (9 bis 10 Faden), Lussin grande.

L. Pallasiana Busk l. c. 81. pl. LXXXIII. F. 1, 2. (Eschara Pallasiana Moll), L. pediostoma Johnst. Brit. Zooph. 2 Ed. p. 315. pl. LV. F. 7: Neresine (9 bis 10 Faden) auf Columbella rustica.

L. trispinosa Johnst. ? Mein Exemplar stimmt am meisten mit der Abbildung von Busk im Catal. Brit. Mus. pl. XCVIII. F. 2, denn ich sehe keine Spur von Stachelchen an der Zellenmündung und auffallend stark ausgeprägte Grenzsäume der Zellen, befremdlich erscheint mir dagegen die viel mehr breitgezogene querovale Gestalt der Mündung: Lussin.

L. reticulata Johnst. ? Mein Exemplar ähnelt am meisten der Abbildung im Busk. Catal. pl. XCIII. F. 2; Lussin.

Cellepora O. Fabr., s. str. Busk.

C. pumicosa L. Johnst. Brit. Zooph. 2 Ed. p. 295. pl. LII. F. 1—3, Busk Cat. p. 86. pl. CX; Lussin.

Eschara Ray.

E. foliacea Lam., M. Edw. Ann. d. sc. nat. 2de Sér. VI. p. 36. pl. 3. F. 1, Busk Cat. p. 89. pl. CVI. F. 4—7; Lussin piccolo vor der Bocca grande (24 Faden).

E. fascialis Pall., M. Edw. l. c. p. 42. pl. 4. F. 1. ebenda.

E. cervicornis Lam., M. Edw. Ann. d. sc. nat. 2 de Sér. VI. p. 15. pl. 1 (Millepora cervicornis Ell. et Sol.); Lussin piccolo vor der Bocca grande (24 Faden), gelbroth, die Oberfläche meist schon abgerieben, mit leichtem Farbenspiel.

Retepora Imperato, Lam.

R. cellulosa Lamx. Exp. méth. des Polyp. p. 41. pl. 26. F. 2; Lussin piccolo vor der Bocca grande, kein frisches Exemplar.

Myriozoon Don. (Millepora L. e. p.).

M. truncata Pall. Cavol. Polyp. (Uebersetz. v. Sprengel) p. 33. tab. III. F. 9, delle Chiaie Mem. 1828. III. p. 40, 43, 51. tab. XXXIII. F. 16, 17; Cigale.

Tubulipora Lam.

T. patina Lam., M. Edw. Ann. d. sc. nat. 2 de Sér. VIII. p. 329. pl. 13. F. 1; Crivizza.

T. verrucaria M. Edw. Ann. d. sc. nat. 2de Sér. VIII. p. 323. pl. 12 (? Madrepora verrucaria Fabr. Faun. groenl. p. 430); Neresine. An dem vorliegenden Exemplar sind die Röhrchen der Zellen verhältnissmässig weniger lang, und fehlen auch in der in Milne Edwards' Abbildung freibleibenden Mitte nicht. Während sie bei T. patina strahlenförmig nach dem Rande laufende continuirliche Reihen bilden, zwischen denen Zwischenräume mit durchlöchertem Boden bleiben, stehen sie hier gedrängt, doch so nebeneinander, dass eine strahlige Anordnung noch erkennbar bleibt. Eine flache Randausbreitung fehlt.

T. hispida Johnst. l. c. p. 268. pl. XLVII. F. 9, 10; Lussin.

Pustulipora Blainv.

P. proboscidea M. Edw. Ann. d. sc. nat. 2de Sér. IX. p. 219. pl. 12. F. 2, zweine Exemplare, 16 mill. lang und einfach gablig, stimmen viel besser mit dieser Abbildung als mit der von Johnston l. c. pl. XLVIII. F. 4 gegebenen; Cigale.

VI. Crustacea.

Stenorrhynchus Lam.

St. longirostris M. Edw. Hist. nat. d. Crust. I. p. 280, Heller Crust. d. südl. Europa p. 23. tab. I. F. 1, 2. (Inachus longirostris Fabr.), St. tenuirostris Bell Brit. Stalk-eyed Crust. p. 6; Lussin.

Inachus Fabr.

I. scorpio Fabr., M. Edw. l. c. p. 288. Atl. du règne anim. Crust. pl. 34. F. 1, Heller l. c. p. 31. tab. I. F. 6; Neresine (17—22 Faden).

I. thoracicus Roux Crust. de la Medit. pl. 26, 27, Heller l. c. p. 33. tab. I. F. 7—11; Neresine (17-22 Faden), Crivizza (27—30 Faden), Lussin grande (35 Faden).

Pisa Leach.
Maia corallina Risso Crust. de Nice p. 45. pl. 1. F. 6, P. corallina Heller l. c. p. 45; Crivizza (27—30 Faden), häufig, Lussin grande (27—30 Faden).
P. tetraodon Leach, Bell. l. c. p. 44. Fig., Heller l. c. p. 44. tab. I. F. 15. Cancer tetraodon Penn.; Lussin.
P. Gibsii Leach. M. Edw. l. c. p. 307, Roux l. c. pl. XXXIV., Heller l. c. p. 41; Lussin grande (27—30 Faden), Cigale (33—35 Faden).

Lissa Leach.
L. chiragra Leach, (Cancer chiragra Herbst Krabben und Krebse tab. 17. F. 96). Cuv. Règne an. Atl. Crust. pl. 29. F. 1, Heller l. c. p. 46. tab. I. F. 26; Val d'Arche bei Lussin grande, nur klein (etwa 17 Faden).

Maia Lam.
M. verrucosa M. Edw. Crust. I. p. 328. pl. 3. F. 1—4, Heller l. c. p. 50; Neresine.

Lambrus Leach.
L. Massenae Roux l. c. pl. 23. F. 7—12, Heller l. c. p. 57; Lussin grande (35—37 Faden).
L. angulifrons M. Edw., Parthenope angulifrons Latr., Lambrus Montgrandis Roux l. c. pl. 23. F. 1—6, Heller l. c. p. 57. tab. II. F. 2; Neresine (9—10 Faden).

Rückenschild graulich sandgelb in's Grünliche mit einzelnen Zügen und ganzen Gruppen grosser schwarzer Punkte, die runden Tuberkeln unpunktirt, weizengelb, Aussenseite der Scheeren wie der Rückenschild, Innenseite lebhaft violet, Unterseite bläulichgrau mit violetem Vorderrand.

Eurynome Leach.
E. aspera Leach, Heller l. c. p. 54. tab. II. F. 1. Cancer asper Penn.; Lussin grande vor dem Hafen (17—20 Faden), vor Valle Jacovla (35—37 Faden), Neresine (20—22 Faden), Cigale (30 Faden).

Auch mir ist die Identität dieser Art mit E. scutellata Risso und E. boletifera Cost. jetzt nicht mehr zweifelhaft. Die Breite der pilzförmigen Höcker ist individuellen Verschiedenheiten unterworfen, und der Kreis derselben auf der Mitte des Rückens, der zu einem wahren Kranz verwächst, tritt bei einzelnen auch nur so schwach auf, wie ihn die Abbildung von Bell zeigt.

Xantho Leach.
Xantho rivulosus Risso. Hist. nat. des prod. de l'Eur. mér. V. p. 9, Roux l. c. pl. XXXV., Heller l. c. p. 66; Crivizza.
X. florida Leach. Bell l. c. p. 51. Fig., Heller l. c. p. 67. (Cancer floridus Mont.); Lussin.

Pilumnus Leach.
P. hirtellus Leach, Bell Brit. Stalk-eyed Crust. p. 68, Heller l. c. p. 72. tab. II. F. 8. (Cancer hirtellus L.); Neresine (17—22 Faden), Lussin grande vor Val d'Arche (35 Faden).

Portunus Fabr.

P. depurator Leh., (Cancer depurator L.), P. plicatus Risso, Roux l. c. pl. 32. F. 6—8, Heller l. c. p. 83; Lussin grande vor Val d'Arche (30 Faden). P. longipes Risso Crust. de Nice p. 30. pl. 1. F. 5, Roux l. c. pl. 4, Heller l. c. p. 89; Crivizza, Lussin piccolo.

Grapsus Lam.

Cancer marmoratus Fabr. Olivi Zool. adr. p. 47. tab. II. F. 1., Gr. varius Latr.; Crivizza unter Ufersteinen.

Pinnotheres Latr.

P. veterum Bosc M. Edw. Crust. II. p. 32. pl. 19. F. 7, Bell l. c. p. 126, Heller, (Cancer Pinnotheres L.); fast immer frei im Meere Neresine (9—10 Faden), Crivizza, Privlaka (30 Faden), in Pinna squamosa (auf 7 Fuss Tiefe), ein kleines Exemplar sogar in der Kiemenhöhle einer Phallusia mamillata aus dem Hafen von Lussin piccolo.

Ebalia Leach.

E. Bryerii Leach, Bell l. c. p. 145. F., Heller l. c. p. 125; Cigale (33—35 Faden).

E. Pennantii Leh. (Cancer tuberosus Penn.) Costa Fauna del regno di Napoli Crust. tab. V. F. 1, 2, Bell. l. c. p. 128. Fig., Heller l. c. p. 128: Privlaka (25 Faden).

Ethusa Roux.

E. mascarone Roux Crust. pl. 18, Heller l. c. p. 142, (Cancer Mascarone Hbst. l. c. I. p. 191. tab. 11. F. 69); Neresine (9—10 Faden), Lussin grande (30—35 Faden); ergreift verschiedene Gegenstände mit seinem fünften auf dem Rücken sitzenden Fusspaar, um seinen Rücken zu bedecken, wobei auch wohl das vierte Paar zu Hilfe genommen wird; einer hatte eine grosse Serpularöhre, ein anderer die Klappe einer Venus gepackt.

Dromia Fabr.

Dr. Rumphii Bosc. (Cancer Dromia Oliv.) Dr. vulgaris M. Edw., Cuv. Règne anim. Atl. Crust. pl. 40. F. 1, Heller l. c. p. 145. tab. IV. F. 10, 11: Crivizza (30 Faden), Cigale (33—35 Faden).

Pagurus Fabr.

P. (Eupagurus) Prideauxii Leach. M. Edw., Heller l. c. p. 160. tab. V. F. 1—8, P. solitarius Risso, Roux l. c. pl. 36: Neresine (22 Faden), in Gehäusen von Trochus magus, Natica marocchiensis und Aporrhais pes Pelecani, die mit Actinia carciniopados bekleidet waren, zu Hunderten an einer Stelle, Neresine (9—10 Faden).

P. (Eupagurus) angulatus Risso Crust. de Nice p. 58. pl. 1. F. 8, Roux l. c. pl. 41, Heller l. c. p. 166.

P. (Eupagurus) sculptimanus Lucas Exped. de l'Algérie Crust. p. 27.
pl. 3. F. 6, Heller l. c. p. 162. pl. V. F. 9; Neresine (22 Faden) in Gehäusen
von Turitella communis mit P. Prideauxii an einer Stelle.
P. (Eupagurus) Lucasi Heller l. c. p. 162. tab. V. F. 10. P. spinimanus Luc.; Lussin grande in einer Serpularöhre (17—20 Faden).
P. (Pagnristes) oculatus Ilbst, P. maculatus Risso, Roux l. c. pl. 24.
F. 1—4, Heller p. 172. tab. V. F. 15; Neresine in Murex trunculus u. a. Schn.

Porcellana Lam.

P. longicornis M. Edw. Crust. II. p. 157, Bell Brit. Crust. p. 193. Fig.,
Heller l. c. p. 186. (Cancer longicornis Penn.); Lussin.

Galathea Fabr.

G. strigosa Fabr., Roux l. c. pl. 19, Cuv. Règne anim. Crust. pl. 47. F. 1,
Heller l. c. p. 189. tab. VI. F. 1, 2. (Cancer strigosus L.); zahlreich, aber
nur in jungen Exemplaren, bei Crivizza und Lussin grande.

Nephrops Leach.

N. norvegicus Leach, Bell l. c. p. 251. Fig., Heller l. c. p. 220 (Cancer norvegicus L.); Lussin grande.

Homarus M. Edw.

H. vulgaris M. Edw. l. c. II. p. 334, Bell l. c. p. 242. Fig., (Astacus
marinus Belon); Crivizza im Hafen.

Gebia Leach.

G. litoralis Heller l. c. p. 205. tab. V. F. 12—15., Thalassina litoralis Risso Crust. de Nice p. 76. pl. III. F. 2; in einer Tiefe von einigen
Fussen im Schlamm von Ossero.

Alpheus Fabr.

A. ruber M. Edw. Crust. II. p. 351, Cuv. Règne anim. Crust. pl. 53. F. 1.
Bell Crust. p. 271. Fig., Heller l. c. p. 270. pl. IX. F. 17 (16).

A. platyrrhynchus Heller Sitzungsber. d. Wien. Akad. Bd. 45. p. 400,
Crust. des südl. Eur. p. 278. tab. IX. F. 17, 18 (18, 19), A. Edwardsii Aud.
M. Edw. Crust. II. p. 352; Lussin.

A. dentipes Guér. Exped. scientif. de Morée zool. p. 39. pl. 27. F. 3,
Heller l. c. p. 278. tab. IX. F. 19 (20); Lussin piccolo (im Hafen).

Lysmata Risso.

L. seticaudata Riss., Roux l. c. pl. 37, M. Edw. l. c. II. p. 386. pl. 25.
F. 10, Cuv. Règne anim. pl. 54. F. 3, Heller l. c. p. 234. tab. VIII. F. 1.
Melicerta seticaudata Risso Crust. de Nice p. 110. pl. 2. F. 1; Lussin
piccolo.

Typton Costa.

T. spongicola Costa Fauna del Regno di Napoli p. 1. Tav. VIbis, Pontonella glabra Heller Verh. d. zool. bot. Vereins in Wien 1856 p. 629. tab. IX. F. 1—15; Lussin piccolo (c. 14 Faden) mit Eiern, ebenda sogar in Steinen nahe dem Ufer auf 8 Fuss Tiefe, Neresine (20—25 Faden) in einer röhrigen Spongie, Lussin grande (etwa 30 Faden), macht wie Alpheus mit den Scheeren ein knipsendes Geräusch, Weibchen von 6 Lin. Länge tragen schon Eier.

Hippolyte Leach.

H. Cranchii Leach, Bell Brit. Crust. p. 288. Fig., Heller l. c. p. 283. tab. IX. F. 23 (24); Neresine.

Orchestia Leach.

O. mediterranea A. Costa Ricerche sui Crostacei Amfipodi del regno de Napoli p. 181; Sansego am flachen Strande unter ausgeworfenen Zostereu.

Allorchestes Dana.

A. imbricatus Spence Bate and J. O. Westwood History of the British Sessil-eyed Crustacea I. p. 43. Fig.; (jung?) Lussin piccolo.

Orchestia Perieri Lucas Exploration de l'Algérie Crust. p. 52. pl. V. F. 1; Lussin.

Lysianassa M. Edw.

L. longicornis Luc. l. c. p. 53. pl. 5. F. 2, Spence Bate and Westw. l. c. p. 85. Fig.; Lussin piccolo häufig, im Hafen (18 Faden); Crivizza.

L. spinicornis A. Cost. l. c. p. 185. tab. I. F. 4; Lussin piccolo im Hafen (c. 14 Faden), Zabadoski (27 Faden), Cigale (30 Faden).

L. ciliata Gr. Ausflug nach Triest p. 135; Lussin piccolo.

Iphimedia Rathke.

1. multispinis Gr. (n. sp.) Jahresbericht d. Schles. Gesellsch. für 1863, Arch. f. Naturgesch. 1864. I. p. 202. Taf. IV. F. 1; Cigale (c. 30 Faden).

Kroyeria Sp. B.

? Kr. haplocheles Gr. n. sp.? Hat den Habitus einer Kroyeria, würde sich aber von den anderen Arten dieser Gattung dadurch unterscheiden, dass der Carpus des zweiten Fusspaares in keinen unteren Fortsatz ausläuft, die schmale Scheere also einfach ist, auch durch die beiden stachelartigen Zacken des Telson; allein das 7. Fusspaar ist abgebrochen, und es bleibt daher unsicher, ob dies Thier überhaupt zur Gattung Haplocheles gehört; Lussin.

Dexamine Leach.

Amphitonotus spiniventris A. Cost. Amfip. Nap. p. 196. tab. II. F. 1; Neresine.

Leucothoë Leach.
L. **articulosa** Leach (Cancer articulosus Mont.), L. **denticulata** O. Costa Fauna del regno di Napoli tab. IX. F. 3, O. Costa l. c. p. 226; Lussin piccolo, Neresine.

Pherusa Leach.
Paramphitoë elegans Bruzel. Scand. Amphipod. Gammarid. p. 75. tab. II. F. 14; Lussin.

Protomedeia Kr.
Leptocheirus pilosus Zaddach Synopsis Crustaceor. prussicor. p. 8; Lussin piccolo.

Microdeutopus A. Costa.
M. **gryllotalpa** A. Costa Amfip. Napol. p. 231. tab. IV. F. 10, Sp. Bate and Westw. Brit. Sessil-eyed Crust. I. p. 289. Fig., ? Lembos Damnoniensis Sp. Bate Ann. nat. hist. 2. Ser. XIX. p. 142; Lussin piccolo.

Moera Leach.
? M. **grossimana** Sp. Bate and Westw. l. c. I. p. 350. Fig. (Cancer grossimanus Mont.); Lussin piccolo zahlreich, Neresine, Ossero, Crivizza.
Gammarus scissimanus A. Costa Amfip. Napol. p. 221. tab. III. F. 7; Lussin.

Megamoera Sp. Bate.
Ceradocus orchestipes A. Cost. Amfip. Napol. p. 224. tab. IV. F. 4. Einer der häufigsten Amphipoden dieser Fauna und sehr auffallend durch die carmin oder fast zinnoberroth und weiss herabgebänderte Zeichnung des Körpers, die weissen rothgeränderten Beine, die sehr ansehnliche langklauige Hand des zweiten Fusspaares und die Springfüsse des letzten Paares, deren gleich grosse Aeste die übrigen an Grösse bei weitem übertreffen und gekerbte Ränder besitzen, doch geht gerade dieses Paar der Springfüsse leicht verloren. Die Antennen sind roth, der Hinterrand der 6 letzten mit Extremitäten versehenen Segmente läuft in einen Rückendorn, am zehnten auch seitlich in Zähnchen aus; Neresine (9 Faden), Crivizza im Hafen (10 bis 11 Faden), bei Scoglio Zabadoski vor dem Hafen von Lussin piccolo (27 Faden), Cigale (36 bis 37 Faden).

Die Gattung Ceradocus von A. Costa lässt sich nach den von ihm aufgestellten Charakteren nicht halten und es liegt keine Nothwendigkeit vor, sie neu zu begründen; wenn man bei ähnlicher Beschaffenheit der Antennen und der Hand des zweiten Fusspaares wie billig, das Hauptgewicht auf die Beschaffenheit des dritten Paares der Springfüsse legt, so lässt sich dieser Amphipode der Gattung Megamoera unterordnen, deren bei Spence Bate abgebildete Arten allerdings sämmtlich keinen Rückendorn auf den hinteren Segmenten besitzen, sich aber durch den gezähnelten Hinterrand an dem Seiten- oder Hüfttheil des zehnten Segmentes auszeichnen. Die Gattung Melita, deren hintere Segmente bei mehreren Species Rückendornen tragen, zeichnet sich durch die ungleiche Grösse der Aeste des letzten Springfusspaares aus, und die Einordnung des in Rede stehenden Amphipoden in diese Gattung würde die Umänderung eines sonst durchgreifenden Gattungscharakters erfordern; ich muss hierin Herrn Professor Heller beistimmen.

Melita Leach.

M. gladiosa Sp. Bate and Westw. l. c. I. p. 346. Fig.; Lussin piccolo, zeichnet sich vor den andern von mir beobachteten Amphipoden durch die blutrothe Färbung aus.

Eurystheus Sp. Bate.

E. bispinimanus Sp. Bate and Westw. l. c. I. p. 357. Fig.; Lussin.

Amathilla Sp. B.

Gammarus brevicornis Bruzelius Skand. Amphipod. Gammarid p. 62. tab. III. F. 11; Lussin.

Gammarella Sp. B.

Gammarus punctimanus A. Cost. Amfip. Nap. p. 222. tab. III. F. 6; Lussin.

Gammarus Fabr. (s. str. Sp. B.).

G. locusta Fabr., M. Edw., Bruzel. l. c. p. 52, Spence Bate Brit. Sessileyed Crust. I. p. 378. Fig. (Cancer locusta L.); Ossero.

G. gracilis Rathke Faun. d. Krym p. 84. tab. V. F. 7—10. (Separatabdr. aus den Memoiren d. kais. Akad. d. Wissensch. in St. Petersburg III.); bei Cherso.

Amphitoë.

A. picta Rathke Fauna d. Krym p. 89. tab. V. F. 15—19; Sansego am flachen Strande unter ausgeworfenen Zosteren.

Cerapus Say.

C. latimanus Gr. n. sp. Jahresbericht d. Schles. Gesellsch. für 1863. Zeigt grosse Uebereinstimmung mit dem Männchen von C. abditus Templet.*), aber die Hand des zweiten Fusspaares ist über halb so breit als das vorhergehende Glied, ihr Unterrand nur mit 1 zwischen die beiden vorderen Zacken desselben eingreifenden Vorsprunge versehen, sonst glatt und die flach sichelförmig gestaltete Klaue vom Grunde an allmälig verjüngt zulaufend. Die Länge von C. abditus wird auf etwa $1\frac{1}{2}$ Lin. angegeben, unser Cerapus misst 5 mill.; bei Neresine gefunden.

---

*) Spence Bate Brit. Sessil-eyed Crust. I. p. 455. Fig.

Colomastix Gr.
C. pusilla Gr. Ausflug nach Triest p. 137, Archiv für Naturgeschichte 1864. p. 206. Taf. IV. F. 2. Sanft chamois in's Bräunliche, schwimmt mit zitternder Bewegung; bei Neresine.

Icridium Gr. [n. g.].
I. fuscum Gr. (n. sp.) Jahresbericht d. Schles. Gesellsch. für 1863, Arch. f. Naturg. 1864. p. 209. Taf. IV. F. 3: ein Weibchen mit Jungen: Neresine (12—15 Faden).

Caprella Lam.
C. inermis Gr. n. sp. ohne alle Rückenstacheln und Höker, der oben gewölbte Kopf mit dem ersten Segment zusammen beinahe ebenso lang als das zweite, die oberen Antennen etwa nur $\frac{1}{5}$ kurzer als der Körper; ähnelt der C. robusta Dana, doch ist der Unterrand der länglich ovalen Hand des zweiten Fusspaares zahnlos; die ähnlich gestaltete Hand des ersten ist wenig kleiner, das letzte Fusspaar war nicht erhalten, Länge etwas über 3 mill.; Lussin piccolo.

Rhoea M. Edw.
Rh. latifrons Gr. n. sp. Da weder der Seitenrand des zweiten Segmentes vorn in eine spitze Ecke ausläuft, noch auch der Schenkel des zweiten Beinpaares die anderen Glieder an Breite übertrifft, da ferner die Stirn mitten nur in eine stumpfe Ecke, nicht in einen spitzen Zahn vorspringt, ich auch nur an den 4 ersten Segmenten des Postabdomens, nicht aber am fünften Anhänge erkennen kann und das von mir gefundene Thierchen nicht einmal die halbe Länge von Rh. Latreilii M. Edw.[*]) erreicht, welche 3 Lin. lang wird, so glaube ich eine zweite Species vor mir zu haben; Lussin.

Jaera Leach.
J. filicornis Gr. n. sp. Schliesst sich durch die Länge der äusseren Antennen, welche zurückgelegt über den Körper hinausragen, an J. Deshayesii Luc.[**]) an; das drittletzte Glied des ersten Beinpaares verbreitert sich gegen die Mitte hin, und zeigt einen sanft convexen, mit einzelnen Stachelchen besetzten Innenrand, gegen den sich die beiden folgenden Glieder wie eine Klaue einzuschlagen scheinen, und das zweite Beinpaar scheint sich ähnlich zu verhalten. Das Postabdomen ist ziemlich kreisförmig, doch mit breiter Basis, Seitenränder und Hinterrand mit einem gleichmässigen Bogen in einander übergehend, in der Mitte mit 6 Stachelchen bewaffnet. Die Seitenränder der 4 vorderen Segmente 4 oder 3 mal gekerbt. Ich habe nur Weibchen gesehen, diese bis 5 mill. lang, 1,5 mill. breit; Lussin.

Ligia Fabr.
L. Brandtii Rathke Faun. d. Krym p. 96. tab. VI. F. 6; Crivizza am Ufer unter Steinen.

---

[*]) Ann. des scienc. nat. 1828. XIII. p. 292. pl. 13. F. A.. Cuv. Règne anim. Atl. Crust. pl. 62. F. 2.
[**]) Explor. de l'Algér. p. 66. pl. VI. F. 4.

Idothea Fabr.

I. appendiculata M. Edw. Hist. nat. des Crust. III. p. 135, Leptosoma capito Rathke Faun. d. Krym p. 94. tab. VI. F. 7—9; Lussin piccolo.

Anthurus Leach.

A. gracilis Leach, M. Edw. Hist. nat. des Crust. III. p. 136. pl. 31. F. 3, 4. (Oniscus gracilis Mont. Linn. Transact. IX. p. 103. tab. V. F. 6); Weibchen mit Eiern, Neresine.

Sphaeroma Leach.

Sph. tridentulum Gr. n. sp. Bräunlich mit brauner Rückenbinde und gelben Segmenträndern; der Aussenrand des schmalen äusseren Endanhanges gerade, glatt, der Hinterrand des Endsegments dreizackig, die mittlere Zacke breiter als gleichseitig, höher liegend als die seitlichen, sonst nicht abgesetzten; Neresine (17 Faden).

Sph. emarginatum Gr. n. sp. (Sph. Jurinii Gr. Ausflug nach Triest p. 126), ähnt am meisten Sph. serratum, ohne jedoch am äusseren Endanhang einen gezähnten Rand zu besitzen, der Hinterrand des Endsegments erscheint von oben gesehen gerundet, hat aber von unten betrachtet eine mittlere Ausbuchtung. Körper und Anhänge sind mit Borstchen besetzt, die ich bei Sph. serratum vermisse; Neresine.

Sph. rubropunctatum Gr. n. sp. Die Rückenfläche des fast doppelt so langen als breiten Körpers fein granulirt, gelblichbraun mit zinnoberrothen Punkten. Der Hinterrand breit gerundet hat einen kleinen mittleren, fast eben so tiefen als breiten, von keinen vorspringenden Ecken eingefassten Ausschnitt; auf der vorderen Hälfte des Postabdomens und dem vorderen Theil des Endsegments 2 niedrige Längsleisten; Lussin piccolo.

Cymodoce Leach.

C. pilosa M. Edw. Hist. nat. des Crust. III. p. 213; Lussin piccolo, Crivizza, Neresine.

Eurydice Leach.

E. Swainsonii Leach, Desm. Consid. p. 302. pl. 48. F. 2; Crivizza.

Rocinela Leach.

R. ophthalmica M. Edw. Cuv. Règne anim. Crust. pl. 67. F. 3; Crivizza.

Acherusia Luc. Explor. de l'Algér. Crust. p. 78.

A. ? complanata Gr. n. sp. ?. Die beiden untersten Glieder der oberen Antennen sind nicht auffallend verbreitert, auch befinden sich diese Organe an der unteren Fläche des Kopfes; die sehr grossen Augen sind getrennt, die äusseren Antennen sehr lang, die Epimeren abgesetzt, die hintern 3 Beinpaare viel länger als die vorderen und nur mit kleinen Nägeln versehen; ich halte dies Thier daher für eine Acherusia, doch kann es nicht A. Dumerilii Luc. sein, da das erste Segment des Postabdomens in keine grosse Zacken ausläuft.

Anceus Risso.

A. forficularius Risso, M. Edw., O. Costa Fauna Crust. Isopod. p. 1. Tav. III. ♂ ♀ (Praniza): Lussin grande (25—27 Faden), beide Geschlechter beisammen in der Höhlung eines Steines, Neresine (16 Faden) desgleichen, Larve (Praniza) an Corallinenballen bei Ossero (15—20 Faden), ♂ ebenda 9 Faden tief zwischen der leeren Schale einer Gastrochaena Polii und der Wandung ihres Steinkanals.

Gyges Corn. et Panc.

G. branchialis Cornalia e Panceri Osservaz. sopra un nuovo genere di Crost. Isop. p. 31. tab. I. II., in der Kiemenhöhle von Gebia litoralis: Neresine.

Nebalia Leach.

N. Geoffroyi M. Edw.; Neresine in Corallinenballen (15—20 Faden).

Cypridina M. Edw.

C. mediterranea O. Costa Fauna del regno di Napoli Crost. p. 57. tab. LV. (IV.); soweit die Gestalt der Schale und des Körperrandes zur Bestimmung ausreicht, kann ich an der Identität nicht zweifeln. Ein Exemplar aus dem Schlunde von Scorpaena scropha, ein anderes aus einer Tiefe von 33 bis 35 Faden bei Cigale.

VII. Vermes.

A. Annulata.

Aphrodite L.

A. aculeata Bast. Cuv. Règne anim. Atl. Annelid. pl. 18. F. 2: Lussin grande, von den Chioggioten erhalten, die sie nicht anders als „nou ti vedo" nannten, eine Bezeichnung, die auf ihre Stacheln gehen soll.

A. hystrix Sav. Aud. et M. Edw. Ann. des scienc. nat. XXVII. p. 406, pl. 7. F. 1—9; Lussin piccolo im Hafen (17 Faden), Neresine (17—22 Faden), Lussin grande (25—32 Faden), Crivizza (27—35 Faden), Cigale (36—37 Faden). Kriecht sehr langsam. Ein paar Exemplare, die ich in süsses Wasser tauchte, streckten sich merklich und starben so.

Polynoë Sav.

P. (Lepidonotus Leach Kinbg.) clypeata Gr. Arch. f. Naturgesch. 1860. p. 72. tab. III. F. 1; Crivizza. Die Abbildung von Aphrodite clava Mont. Linn. Transact. IX. p. 108. tab. VII. F. 3 würde zu dieser Art passen, wenn sie nicht 14 Paar Elytren zeigte (die letzte der rechten Reihe fehlt), der Text spricht von 12 oder 13 Paar Elytren

P. cirrata Sav. Örsted Grönland's Annulata dorsibranchiata tab. I. F. 1, 5, 6, 11, 14, 15, Aphrodite cirrata Müll.; häufig Neresine (9—10 Faden), Ossero, die flache Aphrodite ders. Von Würmern p. 180, 186. tab. XIV; sogar schon in der Tiefe von einigen Fussen; Lussin piccolo im Hafen

(17—20 Faden und an Ufersteinen auf 8 Fuss Tiefe), Lussin grande (17 - 20 Faden, auch 30 Faden), Crivizza (30 Faden), Cigale (33 Faden).

Ein für dieses Meer ungewöhnlich grosses Exemplar, von 58 mill. Länge, 7 mill. Breite ohne die Borsten, 11 mill. mit ihnen, erhielt ich in Lussin grande. Der Rücken war an den Seiten weiss, in der Mitte glänzend braunviolet mit schmalen weissen gekrümmten Querbinden, die Elytren rothbraun mit weissem aus Tüpfelchen zusammengesetztem Mittelfleck deckten nicht ganz die Mitte des Rückens, der Bauch röthlich weiss. An diesem Exemplar zählte ich 42 Segmente; es bewegte sich ziemlich langsam und zerriss beim Tödten in Weingeist in 2 Stücke, verlor auch wie die meisten anderen fast alle Elytren. Beim Eintauchen in süsses Wasser erfolgt der Tod unter ähnlichen Erscheinungen.

Polynoë areolata Gr. Arch. f. Naturgesch. 1860. p. 72. tab. III. F. 2; nicht eben häufig, Neresine (20 Faden), Lussin piccolo.

P. longisetis Gr. (n. sp.) Arch. f. Naturgesch. 1863. p. 37. Taf. IV. F. 1; Lussin piccolo vor der Bocca grande (15 Faden), Crivizza (27—30 Faden), Lussin grande. In der Zahl der Elytren, die den ganzen Rücken bedecken, der Kopflappen- und Ruderbildung P. cirrata ähnlich; bei der weissen Perlfarbe des Leibes verleiht aber die Durchsichtigkeit der Elytren und die Gestrecktheit der Ruder der P. longisetis ein zarteres Aussehen. Die Zeichnungen des Rückens pflegen auf jedem Segment 2 hell zimmetbraune Querbinden zu bilden, von denen die vordere etwas breiter ist.

P. elegans Gr. Actinien, Echinodermen und Würmer des adriat. u. Mittelmeers p. 85; Lussin grande auf 6—9 Faden in Steinen nahe dem Ufer (1 Exemplar von 71 mill. Länge), Lussin piccolo, Neresine, schwimmt sich schlängelnd.

Sigalion And. & M. Edw.

S. Idunae Rathke Acta nov. nat. cur. XX. P. I. p. 150. t. IX. F. 1—8; Neresine (20 - 25 Faden), St. Martino (25—27 Faden), Cigale (36—37 Faden).

Die Elytren waren weisslich mit braunen Tupfen oder 2-lappig braunem Mittelfleck, die Färbung längs dem Nervenstrang, von Gefässen herrührend, dunkelrosa, wie der Kopflappen; das Thier bewegte sich sehr langsam, einzelne Exemplare waren ganz in Schleim gehüllt.

Euphrosyne Sav.

E. mediterranea Gr. (n. sp.) Arch. f. Naturg. 1863. p. 38 Taf. IV. F. 2; Ossero in Stein- und Nullizoren-Höhlungen (15—20 Faden), Crivizza (c. 27 Faden), Cigale (30, 33—35 Faden).

Alle Exemplare ziegelroth oder blässer, die Kiemen, nie mehr als 7 Stämmchen jederseits in einer Querreihe, zeigten mir weder eine Contraction noch lebhaftere Färbung, selbst bei einem ochergelben Exemplar sahen sie nicht roth aus; ebenso wenig konnte ich an einem anderen Theil des Körpers contractile Gefässe bemerken. Der mittlere Cirrus stand zwischen dem zweiten und dritten Kiemenstämmchen.

Eunice Cuv.

E. **Harassii** Aud. & M. Edw. Ann. d. scienc. nat. XXVIII. p. 215, XXVII pl. XI. F. 5, 6, 7, 11; Lussin piccolo im Hafen, Neresine (in Ufersteinen auf 7 — 9 Fuss Tiefe), Crivizza in dem Hafen ($4\frac{1}{2}$ Faden in einem Stein), vor der Bucht von Crivizza (30 Faden), Val d'Arche bei Lussin grande (32—37 Faden zum Theil in kleinen Kalksteinen), Cigale (35 Faden) in braunen Spongien.

Das grösste Thier, ein wahres Prachtexemplar, das ich im Hafen von Crivizza antraf, mass 10,7 Zoll in der Länge, 3 Linien in der Breite, das kleinste, das nur dreifädige Kiemen hatte, 9 mill. in der Länge, bei diesem war der unpaare Fühler sehr lang und reichte bis zum eilften Segment.

E. **vittata**, Nereis (Leodice) vittata d. Chiaie Mem. IV. p. 176. 195, 206. tab. LXIV. F. 12, 13, 14; Ossero in einer Tiefe von 8 Fuss in Steinen, desgleichen 9 — 10 Faden tief, Lussin piccolo im Hafen (11 — 15 Faden, 19 - 20 Faden), vor Val d'Arche (37 Faden).

Mehrere in den hinteren zwei Drittheilen des Leibes hellgrüne Exemplare waren hier ganz mit Eiern erfüllt. Länge bis 3,5 Zoll.

E. **siciliensis** Gr. Act. Echin. Würm. d. adriatischen Meeres p. 83.*) (E. **adriatica** Schmarda Neue wirbell. Thiere I. 2. Anneliden p. 124. tab. XXXII. F. 257), der Text hebt hervor, dass die Kiemen erst in der Mitte des Leibes anfangen und einfach fadenförmig sind, letzteres gilt nach meinen Erfahrungen nicht allgemein, sie können auch zwe'fädig werden; Crivizza auf 6 — 9 Fuss Tiefe in Steinen nahe dem Ufer, Lussin piccolo im Hafen (11 — 14 Faden).

E. **sanguinea** Cuv. Nereis sanguinea Mont., Nereidonta sanguinea Blainv. Dict. des scienc. nat. LVII. p. 477. Chétop. pl. 15. F. 2; Lussin grande.

Onuphis Aud. & M. Edw.

Nereis tubicola Müll. Zool. Dan. I. p. 18. tab. XVIII., Grube Anat. der Kiemenw. p. 45: St. Martino vor Privlaka (25 Faden), Lussin grande vor Val d'Arche (32 — 37 Faden), Neresine Porto St. Jacomo blosse Röhre (25 Faden).

Lysidice Sav.

L. **punctata** Gr. Arch. f. Naturgesch. 1848. p. 95; Lussin piccolo vor der Bocca falsa (24 Faden), Lussin grande 6 — 9 Fuss tief in Steinen nahe dem Ufer.

Lumbriconereis Blainv.

L. **Nardonis** Gr. Act. Echinod. Würm. p. 79; Ossero schon in der Tiefe von etwa 8 Fuss im Schlamm (mit Clymenen sehr zahlreich); in reines Wasser gelegt, bildeten sie, wenn man ihnen einige Schlammstükchen gab, sogleich rundliche Ballen, in denen sie sich verbargen; Lussin grande (25 — 27 Faden).

---

*) Dass Schmarda seine E. adriatica für eine neue Art halten konnte, ist durch einen sinnentstellenden Fehler in meiner Beschreibung veranlasst, wo es statt 5 (Zeile 14) 85 heissen und die Worte mit dem 85sten ganz fehlen sollen.

L. coccinea, Nereis coccinea Renier Osservaz. postume p. 29. tab. X. Unterscheidet sich von L. Nardonis durch ihre fast zinnober- oder blutrothe Farbe und den vorn breiteren fast kreisförmig gerundeten Kopflappen; das letztere Kennzeichen ist durchgreifend, was das erstere anlangt, so ist die hintere Hälfte öfters gelb, bei einigen Exemplaren der ganze Körper blässer, bei einem ziegelrothen trug jedes Segment 2 weisse Flecken und ein stahlblauer Glanz verbreitete sich über den ganzen Rücken, der Darm schimmerte schwarz durch.

Lussin piccolo im Hafen (in einer Tiefe von 11—14 Faden, seltener in Steinen nahe dem Ufer schon bei 8 Fuss Tiefe), Neresine (8 Faden). Beim Eintauchen in süsses Wasser stirbt das Thier sehr schnell, und die Farbe bleicht sogleich aus.

L. unicornis Gr. Act. Echinod. Würm. d. Mittelm. p. 80; Neresine, Ossero (8 Fuss tief).

Körper durchscheinend weisslich mit gelbem weiter hinten braunem Darm, von den blutrothen Gefässen macht sich namentlich ein sehr contractiles Rückengefäss bemerkbar. Zuweilen rollt sich das Thier korkzieherartig in 8 anliegenden Windungen auf.

L. quadristriata Gr. l. c. p. 79. Lussin piccolo in Steinen nahe dem Ufer (8 Fuss tief).

Rosa-fleischfarben mit 4 Längsreihen grauschwarzer Fleckchen, deren innere quergezogen sind, die Segmente durch einen schwarzen Querstrich halbirt, weiterhin verschwinden Striche und Fleckchen und der Leib zeigt eine rosigperlgraue Farbe, überall Perlmutterglanz mit schönen Reflexen. Augen nicht erkennbar. Erreicht eine Länge von 135 mill. (c. 5 Zoll) bei einer Breite von 1 mill.

Staurocephalus Gr.

St. rubrovittatus Gr. Arch. f. Naturgesch. 1860 p. 79, Ausflug nach Triest p. 140. tab. I. F. 10, 11; Lussin piccolo im Hafen in Steinen nahe dem Ufer auf 8 Fuss und in 11—14 Faden Tiefe, Neresine (16 Faden), St. Martino (25—27 Faden), Crivizza (ca. 27 Faden), Cigale (30—35 Faden).

Ein Exemplar war statt kirschroth braungelb gebändert. Bei einem ganz kleinen, 4 mill. langen, mit 26 Paar Rudern versehenen, schimmerte ein gerader grüngefüllter, sich stark bewegender Darm von etwa $\frac{1}{3}$ der Körperbreite durch, der sich nach einiger Zeit ganz entleerte. Blutbewegung nicht sichtbar.

Nereis L. s. str. Aud. et M. Edw. (Lycoris Sav.).

N. Costae Gr. Act. Echinod. Würm. p. 74. Lussin piccolo im Hafen (19 — 20 Faden) auch in Steinen nahe dem Ufer auf 8 Fuss Tiefe; Ossero desgleichen, Crivizza in dem Hafen (10—11 Faden) in derben, massigen, weissen Schwämmen (Esperia massa), in denen diese Art ansehnliche, mit einem Ueberzug ausgekleidete Gänge bewohnten, auch in Steinen (27 Faden tief), Lussin grande (35 Faden); von allen Arten die gemeinste.

N. pulsatoria Mont. Aud. et M. Edw. Ann. des scienc. nat. XXIX. p. 216. XXVII. pl. XIII. F. 8—13; Crivizza vor dem Hafen (27 Faden), schlecht erhalten, aber an der Vertheilung der Kieferspitzchen des ausgestreckten Pharynx erkennbar.

N. cultrifera Gr. l. c. p. 74 F. 6, N. margaritacea Cuv. Règne animal Annél. pl. 12 F. 1.; Neresine (20 Faden).

Phyllodoce Sav.

Ph. Rathkii Gr. l. c. p. 78. Nereiphylla Paretti Blainv., Phyllodoce Paretti, Cuv. Règne anim. Atl. Annél. pl. 13 F. 1: Neresine (8 Faden, zwischen Algen und kleineren Steinen, auch 27—29 Faden), Crivizza (27—30 Faden), Balvanida (32—35 Faden). Das längste Exemplar unmittelbar nach dem Tödten in Weingeist gemessen, welcher davon eine grün-gelbe Farbe annahm, hatte 10,75 Zoll in der Länge. Im Seewasser gehalten sondern diese Thiere vielen klaren, sie umhüllenden Schleim ab. Bei einem Exemplar waren die Fühler und Fühlercirren lebhaft orangegelb.

Ph. mucosa Örsd. Consp. Annul. Danie I. p. 31. pl. V. F. 79, 83, 89, pl. I. F. 25; Ossero 8—9 Fuss tief im Schlamme mit Arenicola piscatorum, Crivizza (20 Faden), Cigale (36—37 Faden).

Ph. laminosa Sav. Aud. et M. Edw. Ann. des scienc. nat. XXIX p. 244 pl. XVI F. 1—6; Lussin piccolo.

Nereis viridis O. Fr. Müll. Eulalia viridis Sav.; Ph. clavigera Aud. et M. Edw. Ann. des scienc. nat. XXIX p. 248 pl. XVI F. 9—13. Lussin piccolo in Steinen nahe dem Ufer auf 8 Fuss, vor der Bocca falsa (24 Faden)., Crivizza vor dem Hafen (27 Faden), Cigale 30 Faden. Meist maigrün, färbte berührt das Meerwasser zu Zeiten intensiv gelb, zerriss beim Eintauchen in lauwarmes süsses Wasser sogleich in 2 Stücke.

Ph. (Eulalia) punctifera Gr. Arch. f. Naturg. 1860. XXVI. 1. p. 83 tab. III. F. 5. (Grube Ausflug nach Triest p. 152); Ossero (c. 9 Faden), Lussin piccolo im Hafen (19—20 Faden).

Die Färbung eines Exemplars blass-fleischfarben, etwas chamois, alle Segmente sehr kurz mit einer Querreihe schwärzlicher etwas verwischter Punkte, und einer anderen auf der Segmentgrenze, die schief herzförmigen Rückencirren mit einem schwarzen Mittelfleck und kleinen schwarzen Punkten längs ihrem oberen Rande, auch die Fühlercirren mit einigen schwarzen Pünktchen; sie scheinen an 3 Segmenten vertheilt zu sein. 1. $\frac{1}{1}$, 1.

Eteone Sav.

Lumbrinereis siphodonta d. Chiaie Descriz. e notom. I Tab. 95 F. 3, 8, 9; Lussin grande, in Val d'Arche (17 Faden), Lussin piccolo im Hafen (19—10 Faden), Ossero (20 Faden); verändert meist ausserordentlich die Farbe im Weingeist. Das lebende Thier ist graulich-weiss durchscheinend, auf dem

Mittelrücken jedes Segments mit einer bleich-zimmetfarbnen breiten Querbinde geziert, die vorn in einen Lappen ausläuft, und auf den Seitentheilen mit einer fast ringförmigen Zeichnung von gleicher Farbe; seine blattförmigen halbovalen Rückencirren, mit Ausnahme der vordersten kleineren, citronengelb mit breitem weissen Rande, und perlmutter-weisslichem durchscheinenden Grundglied, die Bauchcirren ebenfalls citronengelb. Im Weingeist wird alles Citronengelbe ganz weiss und die perlmutter-graulichweisse Grundfarbe des Leibes verwandelt sich in Fleischfarbe oder gar Blassviolet. Rothes Blut sah ich nirgend durchschimmern. Das Thier sonderte vielen Schleim ab und wollte immer aus dem ihm angewiesenen Glasschälchen herauskriechen. Das Tödten im Weingeist ging ohne Zerstückelung vor sich.

Tetraglene Gr. [nov. gen.]*)

T. rosea Gr. (n. sp.) Arch. f. Naturgesch. XXIX. 1. p. 42. Taf. IV. F. 6.; Neresine, vor Porto St. Jacomo (16 Faden) die geschlechtsreife Form frei umherschwimmend: Cigale (32 Faden), dieselbe noch mit dem Hinterende der Larvenform (Pseudosyllis brevipinnis) verwachsen.

Nur 7,5 mill. lang, mit sehr langen Rudern mit Rücken- und Bauchcirrus und 2 Borstenbündeln, und 2 oberen und 2 unteren grossen Augen an dem fühlerlosen, vorn abgestutzten Kopflappen, erwies sich als eine am Hinterrande einer Syllisähnlichen Form entstehende Knospe, welche später frei wird; den Generationswechsel in seinen Einzelheiten zu verfolgen, hatte ich leider keine Gelegenheit.

Psamathe Johnst.

Ps. fusca Johnst. Magazin of nat. hist. IX p. 15, Ann. of nat. hist. IV. p. 229. pl. VII. F. 4: Neresine (22 Faden). Durchsichtig graulich-weiss, kein rothes Blut bemerkbar. Die von Johnston angegebene seitliche Punktreihe am Rücken sehe ich eben so wenig an meinen beiden Exemplaren, als eine bräunliche Grundfärbung des Leibes, dagegen eine aus braunen Tüpfelchen bestehende mittlere Längsbinde an der Bauchseite. Der kurze Rüssel, beim Tödten ausgestreckt, zeigte am Rande 18 fingerförmige Papillen, auf ihn folgt ein weiterer Abschnitt des verdauenden Kanals, der bei zurückgezogenem Rüssel bis in die Gegend des 11. Ruders reicht, dann beginnt der rosenkranzförmige schmutzig grünlichgelbe Darm. Das Thierchen schwamm rasch in schlängelnder Bewegung.

Oxydromus Gr.

O. fasciatus Gr. Arch. f. Naturg. 1848. XIV. p. 98. tab. IV. F. 1, 2: Lussin grande, Val d'Arche (10 Faden tief), zwischen den Fussreihen eines Astropecten aurantiacus versteckt. Der ausgestreckte Rüssel zeigte durchaus

---

*) Archiv für Naturgeschichte 1863 XXIX. 1. pag. 42.

keine Papillen, sondern nur einen schwach in 4 Lappen gekerbten Rand. Färbung olivengrün, jedes Segment mit zwei weissen Querlinien und einer dazwischen liegenden quergezogenen weissgerandeten Figur, die Rückencirren farblos, die Borsten atlasglänzend, wie gesponnenes Glas. Ich konnte rothes Blut und ein einfaches etwa vor dem 11. Paar Ruder sich gablig spaltendes Rückengefäss erkennen.

Das Thierchen zerriss beim Tödten im Weingeist in viele Stücke.

Hesione Sav.

H. pantherina Riss. Hist. nat. des prod. princip. de l'Eur. mérid. IV. p. 418, Aud. et M. Edw. Ann. des scienc. nat. XXIX. p. 234 pl. XV. F. 4, 5: Crivizza vor Porto Balvanida (27—30 Faden), vor Cigale (36 - 37 Faden).

Sehr schön gezeichnet: der Rücken weiss durch unterbrochene zimmetbraune Längsstreifen wie gegittert, die mittleren beiden zeigen auf jedem Segment 2 regelmässige kurze Unterbrechungen, der Bauch weiss mit rosigem Schimmer, die Rückencirren durch bräunliche Ringe, aber nicht durch Ringfurchen, gegliedert, mit wenig markirtem längerem Basalglied, die Fühlercirren mit etwas kürzerem, die Bauchcirren wie die Rückencirren geringelt. Der kleine Kopflappen ⅓ so breit als der Leib, ziemlich quadratisch, weiss, auf der Unterseite braunstrahlig gestreift, trägt am Stirnrande entschieden nicht mehr als 2 und zwar sehr kurze Fühlerchen wie Papillen und 2 Paar kleine dunkelzimmetbraune Augen mit einer Pupille. Die mittleren Segmente am lebenden Thier sind fast eben so lang als breit: auf die 4 Paar Fühlercirren jeder Seite folgen 16 Paar Ruder, vor dem Paar der Aftercirren steht jederseits noch ein ganz nach hinten gerichtetes Cirrenpaar ohne Borstenbündel. Bei einer Körperlänge von 19 mill. und 2,4 mill. Breite messen die längsten Rückencirren. wie die Aftercirren 4 mill.; in den Borstenköchern, die noch nicht halb so lang sind als der Leib breit, kann ich ebenso wenig als in den Rückencirren eine Blutcirculation wahrnehmen.

Das Exemplar von Cigale war grösser, mass aber auch nur 29 mill. in der Länge und 3 mill. in der Breite, mit den Rudern ohne Borsten 6 mill.

Glycera Sav.

Gl. alba Örsd. Consp. Ann. Dan. I. p. 33. pl. VII. F. 103, 105, 110, pl. I. F. 24, Nereis alba O. Fr. Müll.; Zool. Dan. II. p. 29 tab. LXII. F. 6. 7: Ossero in einer Tiefe von wenigen Fussen im Schlamm.

Gl. capitata Örsd. Grönl. Ann. dorsibr. p. 46 tab. VII. F. 89, 95, 97: Lussin grande vor St. Martino 25—27 Faden, das Exemplar ist nicht vollständig.

Gl. tesselata Gr. (n. sp.) Arch. f. Naturg. 1863. XXIX. 1. p. 41 tab. IV. F. 4: Neresine (9—10 Faden), Privlaka bei St. Martino (25 Faden); von den andern Arten schon durch die auf den vordern Segmenten meist sehr deutlichen damenbrettartig vertheilten braunen Flecken abweichend.

Syllis Sav.

S. zebra Gr. Arch. f. Naturg. 1860. XXVI. 1 p. 86 tab. III. F. 7 (Ausflug nach Triest p. 143 tab. III. F. 7): Lussin piccolo im Hafen in Steinen nahe dem Ufer (c. 8 Fuss tief), Neresine (8 Faden), Cigale (31—32 Faden).

S. variegata Gr. Arch. f. Naturg. 1860. XXVI. 1. p. 85 tab. III. F. 6 (Ausflug nach Triest p. 143 tab. III. F. 6): Neresine (9 Faden und 17—22 Faden) und Cigale (31—32 Faden).

S. hyalina Gr. (n. sp.) Arch. f. Naturgesch. 1863. XXIX. 1. p. 45 tab. IV F. 8, durchscheinend weiss mit chamoisfarbigem Darm, hat dickere Rückencirren mit etwa nur 12—16 Gliedern und im Leben längere Stirnlappen als die ihr sonst nahe stehende S. moniliformis; zwischen Lussin grande und St. Martino (25—27 Faden), Neresine, Crivizza.

S. lussinensis Gr. (n. sp.) Arch. f. Naturgesch. 1863. XXIX. 1. p. 46 tab. IV. F. 9. Rückencirren theils länger, besonders vorn, theils kürzer, jene mit höchstens 46, diese mit 25 Gliederchen, Fühler weit über die Stirnlappen hinausragend: Neresine.

S. nigricirris Gr. (n. sp.) l. c. p. 47 tab. IV. F. 10; durch die gegen die Fleischfarbe des Körpers sehr abstechenden schwärzlichen Rückencirren auffallend; sie sind meist nur so lang als der Leib breit, die längeren haben bis 48 Glieder; Neresine (20—25 Faden), Cigale (30—35 Faden).

S. spongicola Gr. Arch. f. Naturg. 1848. XIV. 1. p. 104 tab. IV. F. 4; liess sich nicht in süssem Wasser tödten, ohne sich zu zerstückeln; Neresine schon auf etwa 8 Fuss Tiefe, Lussin piccolo vor der Bocca falsa (24 Faden), Crivizza (27—30 Faden), Balvanida (32—35 Faden), Cigale (30 Faden), Val d'Arche (32—37 Faden). Ich habe diese Syllis in der Regel in mennigrothen, leicht zerreissbaren, schleimreichen, zur Gattung Clathria gehörigen Schwämmen (wahrscheinlich Clathria compressa gefunden.

S. brevicornis Gr. (n. sp.) Arch. f. Naturg. 1863. XXIX. 1. p. 44 tab. IV. F. 7. Auf dem Rücken goldlackgelb mit einem aus einer Reihe Fleckchen bestehenden weissen Längsstreif, von dem auf jedem Segment rechts und links ein schwarzer etwas nach vorn laufender Querstrich abging. Die Fühler ragen nur wenig über die kurzen Stirnlappen hinaus, und sind wie die Cirren ungegliedert. Das einzige von mir gefundene Exemplar war nur 5 mill. lang und hatte nicht mehr als 30 Segmente. An den Seiten des Kopflappens bemerkte ich Wimperbewegung. Crivizza (27 Faden).

Amblyosyllis Gr. et Örsd.

A. lineata Gr. (n. sp.) Arch. f. Naturg. 1863 XXIX. 1. p. 48 tab. V. F. 1: diese kleine nur 7,5 mill. lange Annelide, die sich wesentlich durch den Mangel der Stirnlappen von den eigentlichen Syllis unterscheidet, fällt auf durch die geringe Zahl und verhältnissmässig ansehnliche Länge der Segmente, von denen die Mehrzahl stark abgesetzt erscheint. Die Farbe des Leibes ist weisslieb, auf dem Rücken der Segmente eine schwarzbraune Querlinie, die Cirren farblos, die 4 Augen zinnoberroth. Vor Cigale (31—32 Faden).

Heterocirrus Gr.
H. saxicola Gr. Arch. f. Naturg. 1848. XIV. 1 p. 109 tab. IV. F. 11; Grube, Ausflug nach Triest p. 47. In engen Gängen in Steinen nahe dem Ufer schon in einer Tiefe von 6—8 Fuss, Lussin piccolo im Hafen, Lussin grande, Crivizza.

H. multibranchis (n. sp.) Gr. Arch. f. Naturg. 1863. XXIX 1. p. 49 tab. V F. 2; kann auf den ersten Blick wegen der zahlreichen fadenförmigen Kiemen leicht für einen Cirratulus angesehen werden. Neresine, im Schlamm bei Ossero in einer Tiefe von wenigen Fussen.

Cirratulus Lam.
C. Lamarckii Aud. et M. Edw. Ann. des scienc. nat. XXIX. p. 413, XXVII. pl. 15 F. 1; im Schlamm der Lagunen von Ossero und bei Crivizza an einem Stein (4½ Faden tief).

Polyophthalmus Qfg.
Nais picta Dug. Ann. des scienc. nat. 2. Sér. XI. p. 293 pl. VII. F. 9—12; Grube Ausflug nach Triest, pag. 49. Neresine; (8 Fuss), nur ein Exemplar.

Siphonostomum Otto.
S. diplochaitus Otto. Act. nov. nat. cur. X. P. II. p. 628 tab. LI, Cuv. Règne anim. Atl. Annél. pl. 6 F. 3. Grube, Ausflug nach Triest, p. 31: Lussin piccolo im Hafen (19 Faden), Neresine (20 Faden), ein ganz kleines Exemplar, nur 16 mill. lang.

Sclerocheilus Gr. [nov. gen.]*)
Scl. minutus Gr. (n. sp.) Arch. f. Naturg. 1863. XXIX. 1. p. 50 tab. V. F. 3; hat das Ansehen eines Scalibregma ohne Kiemen. Neresine (17—22 Faden), Crivizza (gegen 27 Faden [?]), Cigale (33—35 Faden).

Chaetopterus Cuv.
Ch. pergamentaceus Cuv. Règne anim. Annélid. pl. 20, Tricoelia variopedata Ren. Osserv. postume p. 35 tab. VIII.

Neresine (12—15 Faden), Lussin piccolo im Hafen (19—20 Faden), Cigale (36—37 Faden,) meist nur in Bruchstücken erhalten.

Ein vollständiges Thier von 70 mill. Länge lag, mit Milne Edwards Anschauung übereinstimmend, die mit Häkchen besetzten Wülste nach unten gerichtet, so dass also der weit über den Mund hinausragende Lappen die Unterlippe ist. An der Aussenseite der beiden Fühler, die sich hin und her bewegen,

---
*) Arch. f. Naturgesch. 1863. XXIX. 1. p. 50.

sicht man eine deutliche Rinne herabgehen. Die grossen Pinnulae, mit denen das erste Körperdrittheil endet, waren entweder wie die andern nach oben gerichtet, oder lagen parallel auf dem Rücken, mit der Spitze nach vorn gerichtet. Den Rücken des zweiten Körperabschnittes bedecken grösstentheils die grossen queren unpaarigen, an der Basis aufgequollenen Blätter oder Säcke, von denen der vorderste ganz kapuzenförmig aussieht; sie sind von einem Geäder von weissen Fasern durchzogen, welches von einem mittleren schmalen nach oben gerichteten Bogen ausgeht, und contrahiren sich stark, sobald man sie berührt. Die frei liegende Rückenpartie zwischen jenen grossen Pinnulae und dem ersten Rückensack und zwischen diesem und dem zweiten ist grauschwarz von dem durchschimmernden Darm und unregelmässig quergefaltet; man sieht diese Falten sich langsam contrahiren. Auf dem Rücken des vordersten Körperabschnitts läuft von dem ersten Rückensack nach vorn eine lineare von 2 braunen Rändern eingefasste Rinne und erweitert sich etwas gegen den Vorderrand, auf dem ein kleiner weisser Hübel sitzt, sie contrahirt und dilatirt sich abwechselnd und lässt in letzterem Fall den durchscheinenden schwarzen Darm sehen. Der ganze Körper hatte eine wassersüchtig-bleiche Färbung, gegen welche das in den Pinnulae des hintersten Leibesabschnittes eingeschlossene drüsige V-förmige Organ sich merklich durch seine Weisse abhebt; auch die Bauchwand des vordersten Leibesabschnittes ist intensiv weiss. Ein gefärbtes Blutgeäder oder einen Blutlauf konnte ich nirgend wahrnehmen: an einem Weingeistexemplar sehe ich aus einzelnen Hakenborstenwülsten des hintersten Körpertheils eiförmige Körperchen hervordringen.

Phyllochaetopterus Gr. [nov. gen.][a])

Ph. gracilis Gr. (n. sp.) Arch. f. Naturg. 1863. XXIX. 1. p. 52 tab. V. F. 4; Crivizza (27 Faden tief); nur in ein paar Exemplaren, von denen vielleicht auch das längere (8 mill. lange) Thier nicht vollständig war, in dem Inneren einer gelben Spongie in engen Röhren gefunden. Hätte ich bei einem derselben eine Spur von Fühlern gefunden, so hätte ich diese Annelide wahrscheinlich vorläufig zur Gattung Spiochaetopterus Sars. gestellt, doch fehlen dem von ihm beschriebenen Sp. typicus die Augen.

Dasybranchus Gr. (statt des früher gewählten Namens Dasymallus).

Dasymallus caducus Gr. Arch. f. Naturg. 1846. XII. 1. p. 166 tab. V F. 3, 4: Lussin piccolo im Hafen (19—20 Faden), Crivizza (etwa 20 Faden).

Notomastus Sars.

N. lateritius Sars. Faun. litt. Norveg. II. p. 11 tab. 11 F. 8—17: Ossero im Schlamm, schon in einer Tiefe von wenigen Fussen.

---

[a]) Archiv. f. Naturg. 1863. XXIX. 1. p. 54.

Arenicola Cuv.

A. piscatorum Cuv. Règne anim. Atl. Annél. pl. 8. F. 1, Aud. et M. Edw. Ann. des scienc. nat. XXX. p. 420 pl. XXII. F. 8—12; Ossero im Schlamm, mit der vorigen Annelide.

Clymene Sav.

Cl. palermitana Gr. Act. Echin. Würm. des Mittelm. p. 66; Ossero im Schlamm mit den beiden vorigen.

Cl. spathulata Gr. Arch. f. Naturgesch. 1848. XIV. 1. p. 114 tab. IV. F. 12, 13; Crivizza vor Porto Balvanida (17--30 Faden), blosses Hinterende, daher keine ganz zuverlässige Bestimmung.

Maldane Gr.*)

M. glebifex Gr. Arch. f. Naturg. 1860. XXVI. 1. p. 92 tab. IV. F. 4. (Grube, Ausflug nach Triest. p. 63, 146 tab. IV. F. 4); Lussin piccolo im Hafen auf Schlammgrund (22 Faden), nur 1 Exemplar.

Terebella L. s. str. Sav.

T. lingulata Gr. Arch. f. Naturg. 1863. XXIX. 1. p. 56 tab. VI. F. 1; die einzige bisher bekannte Terebella mit unverästelten Kiemen, doch sind diese Organe nicht fadenförmig, sondern eher zungenförmig zu nennen mit ausgezogener Spitze. Lussin piccolo im Hafen (20 Faden).

T. nebulosa Mont. M. Edw. Ann. des scienc. nat. 3. Sér. 1845. III. p. 145 F. 27. Grube, Arch. f. Naturg. 1848. XIV. 1. p. 116 tab. IV. F. 14: Ossero in Steinen und Nulliporenballen (15 - 20 Faden), Crivizza in Melobesienballen (30 Faden), Cigale in festen löcherigen braunen Spongien (33—35 Faden). Man erkennt diese Art auf den ersten Blick an der mattziegelrothen weissgesprenkelten Färbung des Leibes und der (jederseits 3) baumförmig verästelten Kiemen.

T. lutea Risso. Grube, Arch. f. Naturg. 1848. 1. p. 114 tab. IV. F. 9, 10; Lussin piccolo im Hafen (20 Faden), vor der Bocca falsa (24 Faden), vor Valle Jacovla bei Lussin grande, an Pecten Jacobaeus geheftet (35—37 Faden).

T. compacta Gr. (n. sp.) Arch. f. Naturg. 1863. XXIX. 1. p. 55 tab. V. F. 6; Crivizza im Hafen in Höhlungen eines Kalksteines (4½ Faden). Ossero in dem mit Schlamm ausgefüllten Bohrloch einer Modiola lithophaga: eine Terebella mit 3 Paar verästelten Kiemen, mit 23 oder 22 Paar Borstenbündeln und bräunem kräftigen, hinten nicht gestrecktem, nicht sehr verdünntem Körper.

T. viminalis Gr. Arch. f. Naturg. 1848. XIV. 1. p. 117 tab. IV. F. 15:

---

*) Arch. f. Naturg. 1860. XXVI. 1. p. 92. (Grube. Ausflug nach Triest).

Lussin piccolo im Hafen in Steinen nahe dem Ufer (auf 6—8 Fuss Tiefe). Lussin grande und Ossero in Steinen (8 Fuss), mit freier Röhre (9—10 Faden und 22 Faden tief), Crivizza im Hafen in der Höhlung einer Corallinenanhäufung (10 Faden), auch in den Höhlungen von Esperia massa (10—11 Faden). Die gewöhnliche Zahl der Borstenbündel ist 17 jederseits (nicht 16, wie ich früher angegeben), die Färbung des Körpers oft weniger blassfleischfarben als graulich, rothanterlaufen, bis braungrau und dann mit orangefarbenen Bauchschildern, oder schmutzig rosenroth. Die Fühler bald chamois, bald weiss.

?T. pectinata Gr. Arch. f. Zool. 1848. XIV. 1. p. 120 tab. IV. F. 18; Orangegelb mit weissem Streif längs des Nervenstranges, hell-gelben Fühlern, kurzem Vorderleib mit 13 Bauchschildern, sehr langem Hinterleibe und wenigstens 120, hinten wegen ihrer Kürze kaum mehr zu unterscheidenden Segmenten, von denen vom 2ten an alle Haarborsten tragen. Keine Pinnulae. Drei Paar niedrige, nur mit einfachen oder gabligen Aesten versehene, nach dem Tödten im Weingeist sehr zusammengezogene Kiemen, von denen das hinterste nicht kleiner als das vorhergehende. Keine seitlichen Lappen unter den Kiemen.

Ich bin noch nicht darüber sicher, ob die hier beschriebene Terebella eine eigene Art ist oder mit T. pectinata zusammenfällt, da sich bei abermaliger Untersuchung des einzigen Weingeistexemplars, nach dem ich diese letztere Art beschrieben habe, herausstellt, dass hinter der 2te Kieme noch eine freilich äusserst winzige und einfach gebaute 3te Kieme vorkommt; Neresine mit abgestorbenen Cladocoren (16 Faden).

Amphitrite cirrata Müll. Zool. Dan. prodrom. Nr. 2617, die buschigte Amphitrite Müll. Würmer p. 188 tab. XV. Schmutzig hellziegelroth, hinten blässer, überall fein schwärzlich punktirt, Fühler ähnlich chamois wie das Hinterende, ebenfalls fein punktirt, in dem hinteren Theil des Körpers von den Bauchschildern an längs dem Nervenstrang ein blutrother Streif, die Wülste der Hakenborsten heller als der Leib.

Neresine (8 Faden), Crivizza zwischen Corallinen (27 Faden).

T. triserialis Gr. Arch. f. Naturg. 1848. XIV. 1. p. 118 tab. IV. F. 16: Lussin piccolo im Hafen in Steinen nahe dem Ufer (6—9 Faden tief). Der Leib eines Exemplars war nicht wie gewöhnlich graulich fleischfarben, sondern ganz orangegelb, ebenso die Fühler.

T. turrita Gr. Arch. f. Naturgesch. 1860. XXVI. 1. p. 96. tab. IV. F. 6. (Grube, Ausflug nach Triest p. 148 tab. IV. F. 6); Ossero im Schlamm, sowie in einer Tiefe von wenigen Fussen in Steinen mit Nulliporen, auch 15—20 Faden tief; Lussin grande (30 Faden); Röhre ziemlich steifwandig.

T. corallina Gr. Arch. f. Naturg. 1848. XIV. p. 119 tab. IV. F. 17: Lussin grande; ein ganz ähnliches Thier aber mit 3 Paar Kiemen erhielt ich in Lussin piccolo; sollte bei dieser Art die Zahl der Kiemen schwanken?

Sabellides Edw.

S. adspersa Gr. (n. sp.) Arch. f. Naturg. 1863. XXIX. 1. p. 57 tab. VI. F. 2; St. Martino bei Lussin piccolo gegen Privlaka hin (25 Faden). Diese Art steht am nächsten der S. sexcirrata Sars, hat aber keine Flösschen (pinnulae), sondern wahre Polster für die Hakenborsten, Körper gelblichfleischfarbig, vorn mit zimmetbraunen Pünktchen überstreut.

Terebellides Sars.

T. Stroemii Sars Beskrivelser over nagle moerkelige i Havet ved den Bergenske kyst levende Dyr. p. 48 pl. 13 F. 31; Ossero im Schlamm des flachen Meeres, schon ein paar Fuss tief.

Pectinaria Sav.

Amphitrite auricoma Müll. Zool. Dan. I. p. 26. tab. XXVI.; Ossero ebenda.

Polycirrus Gr.

P. aurantiacus Gr. Arch. f. Naturg. 1860. XXVI. 1. p. 110 tab. IV. F. 8. Grube Ausflug nach Triest p. 78. (p. 149 tab. IV. F. 8); Lussin piccolo im Hafen in Steinen nahe dem Ufer (6—9 Fuss tief), auch in kugeligen rosenrothen von Spongien durchwachsenen Nulliporenmassen, z. B. bei Pugliana ebendaselbst, und an der Unterseite von Codium bursa, zwischen anderen daran sitzenden Körpern (17 Faden tief), Lussin grande vor St. Martino (25—27 Faden) an einer Scherbe von Spatangus, vor Val d'Arche (30 Faden), bei Neresine (ähnlich tief).

Ein kleines Exemplar war voll von violetten Eierchen.

Myxicola Koch.

Terebella infundibulum Renier Osserv. postume p. 51. tab. IX.; Lussin grande vor Val d'Arche 27 Faden, Cigale (36—37 Faden). Leib blassfleischfarben oder vorn blassviolett. Die vorderen 10 oder 11 Segmente deutlicher als die hinteren mit doppelten schwarzen Ringen umgeben, an den hinteren 1 bis 2 oder 3 nicht ganz regelmässig stehende schwarze Punkte über und unter den Querwülsten, welche wie Wülste für Hakenborsten aussehen. Die Kiemen aschgrau mit schwarzer oder weiss mit violetter Längslinie des Rückens aus 9 oder 10 Fäden bestehend, deren Bärtelchen mehr abwechselnd als paarig zu stehen scheinen und meist in wurmförmiger Bewegung sind; die Membran zwischen den Kiemenfäden erstreckt sich über weit mehr als $3/4$ der Länge derselben, und geht noch über die Ansätze der Bärtelchen hinaus. In der Ruhe sind die Kiemen ganz zusammengelegt und ein Pinsel um den andern geschlagen. Diese Annelide kann sich in kürzester Zeit mit einem dichten gallertartigen Schleim umgeben, der besonders von dem Vorderende des Leibes ausgeht.

M. Steenstrupii Kroyer Bidrag til Kundskab om Sabellerne*) p. 35:

---

*) Kong. danske Vedenskab. Forhandl. 1856.

Vor Privlaka bei St. Martino (25 Faden), nur 1 Exemplar von 15 mill. Leibes- und 11 mil. Kiemenlänge und 1,6 Breite; ziegelroth; die Kiemen jederseits aus 11 Fäden bestehend, besonders gegen die Basis hin bleicher, laufen in viel längere nackte Endspitzen aus; letztere verhalten sich zu dem bärtigen Theil der Kieme etwa wie 4 : 7, nur dieser Theil ist durch Membran verbunden. Die Bärtelchen nehmen gegen die Spitze schnell an Länge zu, dann aber vor ihrem Verschwinden wieder rasch ab. Die Endspitze bildet mit dem übrigen Faden oft ein Knie; an dem äussersten etwas rötheren Ende des Leibes 2 schwarze Punkte wie Augen. Die Zahl der Segmente beträgt etwa 70, die Bauchfurche tritt schief von links an dem 9ten Segment ein.

Sabella C. s. str. Sav.

Spirographis Spallanzanii Viv., S. unispira Cuv. Règne anim. Amél. pl. 4. F. 1.; Lussin piccolo im Hafen, Crivizza im Hafen (10 Faden).

S. brevibarbis Gr. Arch. f. Naturg. 1860. XXVI. 1. p. 112. (Grube, Ausflug nach Triest p. 150); die Bestimmung ist nicht ganz sicher, da das Thier nicht genau genug untersucht werden konnte.

S. viola Gr. (n. sp.) Arch. f. Naturg. 1863. XXIX. 1. p. 58 tab. VI. F. 4. Crivizza vor Balvanida (32 Faden); steht unter den vielen Sabellen, deren Kiemenfäden weder Augen noch Rückenfiederpärchen tragen, isolirt durch den erst am 13. oder sogar 16. Segment eintretenden Wechsel der Borstenstellung. Der Leib ist weich und weiss, die Kiemen ebenso aber mit 2 unregelmässigen violetten Querbinden.

S. candela Gr. (n. sp.) Arch. f. Naturg. 1863. XXIX. 1. p. 60. tab. VI. F. 8; vor St. Martino bei Lussin grande (25—27 Faden); eine Sabella mit weissem, dickem, kurzem Körper mit crocusgelben gebärteten Kiemen ohne Augen und Rückenfiederchen, aber mit breitblattförmiger lichtgrüner Spitze und ausserdem mehreren ungebärteten Fäden neben jenen.

S. fragilis Gr. (n. sp.) Arch. f. Naturg. 1863. XXIX. 1 p. 61. tab. VI. F. 6; Lussin piccolo im Hafen (17 Faden), Crivizza vor dem Hafen (27 Faden), Cigale (36 Faden); die Kiemenfäden ohne jenes Blättchen an der Spitze, gelblich oder weiss, sonst der S. candela ähnlich. Die vorderen Borstenbündel enthalten auch Paleen, die S. candela fehlen.

S. Lucullana d. Ch. Grube Arch f. Naturg. 1846. XII. 1. p. 46 tab. II. F. 3; Lussin piccolo im Hafen (11—14 Faden).

S. polyzonos Gr. (n. sp.) Arch. f. Naturg. 1863. XXIX. p. 68 tab. VI. F. 5. Diese Art ähnelt der S. Lucullana in der Beschaffenheit der Kiemen; diese sind aber weiss mit orangegelben Binden und violetten Rückenfiederchen, der Leib blass orangegelb oder weiss, die Bauchschilder ohne violetten Fleck; Ossero schon einige Fuss tief im Schlamm, Crivizza, Lussin piccolo im Hafen (11—14 und 19 Faden), bei Coludar ($17\frac{1}{2}$ Faden), vor der Bocca falsa (24

Faden), Cigale (30 Faden). Ein Thier hatte seine Röhre an einem blossen Holzsplitter befestigt.

S. stichophthalmos Gr. (n. sp.) Arch. f. Naturg. 1863. XXIX. 1. p. 67. tab. VI. F. 3; Crivizza (27 Faden), Cigale (30 Faden). Die sonst noch nirgend beobachtete Stellung der Aeugelehen in 2 Längsreihen an den blassgelben, weissen oder gräulichen Kiemenfäden kennzeichnet diese Art vor allen anderen Sabellen. Die Röhren waren meist an verkalkten Melobesien oder an abgestorbenen Cladocora flexuosa befestigt; zuweilen drang der Anfang der Röhre in die Kalksubstanz der Koralle selber ein.

S. saxicola Gr. Grube Ausflug nach Triest p. 151; Cigale (36—37 Faden), Val d'Arche (37 Faden), Lussin piccolo im Hafen (6—9 Fuss), immer nur in Steinen.

S. oculata Kr. Vedenskab. Selskab. Forhandl. 1856. Sabellerne p. 35; Lussin piccolo vor der Bocca falsa (20 Faden), an Ostrea lamellosa, Lussin grande vor Valle Jacovla (35—37 Faden).

An einem Exemplar löste sich der ganze Kiemenkranz von selber ab.

S. imberbis Gr. (n. sp.) Arch. f. Naturg. 1863. XXIX. 1. p. 64. tab. VI. F. 7; Crivizza vor dem Hafen (27 Faden). Die einzige europäische Sabella ausser S. latisetosa, deren Kiemenfäden mir keine Bärtelchen zeigten. Der Leib, dessen Bauchschilder alle durch eine Längsfurche getheilt sind, ist braun, die Kiemenfäden (jederseits 7) weiss, mit 3 violetten Binden.

Serpula L. s. str. Sav.

S. (Serpula i. e. S. Phil.) vermicularis L. Ellis Corall. tab. XXXVIII. F. 2. Grube Jahresber. d. Schles. Gesellsch. für 1861 p. 62: Lussin grande (35—37 Faden), Lussin piccolo im Hafen (22 Faden).

S. (S.) echinata Gm. Phil. l. c. p. 190: Lussin piccolo.

S. (S.) venusta Phil. Arch. f. Naturgesch. 1844. X. 1. p. 192: Lussin grande.

S. (S.) aspera Phil. l. c. p. 191. tab. VI. F. B. Lussin piccolo im Hafen (18 Faden), Cigale (36 Faden).

S. (Eupomatus Phil.) uncinata Phil. l. c. p. 195. tab. VI. F. Q: Grube im Jahresbericht d. Schles. Gesellschaft f. 1861 p. 62: Sabella euplacana delli Chiaie Memor. III. p. 219, 226. tab. XLVIII. F. 21, 22: bei Ossero (c. 9 Faden).

S. (Eupomatus) pectinata Phil. l. c. p. 195. tab. VI. F. R. Grube. Jahresber. d. Schles. Gesellsch. f. 1861. p. 63., S. vermicularis Müll. Zool. Dan. III. tab. LXXXVI. F. 7, 9; Lussin piccolo im Hafen (22 Faden), Neresine.

S. (Vermilia Lam.) infundibulum Gm., incl. V. clavigera Phil. l. c. p. 193. tab. VI. F. G, F. H; Grube, Jahresber. d. Schles. Gesellschaft für

1861 p. 64: Lussin grande vor dem Hafen (17—20 Faden), Crivizza (27—30 Faden), vor Val d'Arche (32—37 Faden), vor Valle Jacovla (35—37 Faden), Neresine.

S. (V.) triquetra Lam. Phil. l. c. p. 192 tab. VI. F. F. Grube, Jahresbericht d. Schl. Gesellsch. f. 1861. p. 65; Neresine.

S. (Spirorbis Lam.) pusilla Rathke Fauna der Krym, p. 117. (Mém. de l'Acad. de St. Petersb. Tom III. p. 407); Lussin.

S. (Protula Riss. Phil.) intestinum Lam. Phil. Arch. für Naturgesch. 1844. X. 1. p. 196; Grube, Ausflug nach Triest, p. 51, Protula Rudolphii Risso Hist. nat.; Neresine (8 Faden, 9—10 Faden), Crivizza (30 Faden), Val d'Arche (35 Faden).

S. (Protula) protensa Gm. Grube Ausflug nach Triest p. 63. Psygmobranchus protensus Phil. l. c. p. 196: Lussin piccolo im Hafen (19 Faden), Lussin grande, von den Chioggioten mitgebracht, mit Aphrodite aculeata und Alcyonium palmatum. Als eine Missbildung dieser Art betrachte ich Apomatus ampulliferus Phil. l. c. p. 197, den ich mit ihr bei Lussin piccolo auf 22 Faden und bei Lussin grande auf 32—37 Faden Tiefe erhielt; vgl. Grube Jahresbericht d. Schl. Gesellsch. für 1861. p. 69.

S. (Protula) cinerea Forsk. Phil. l. c. p. 196; Lussin piccolo. 1 Exemplar 2,5 mill. lang mit den Kiemen (jederseits 4), die Kiemen 1 mill. lang, Haarborsten meist zu 4, vorn zu 6, hinten zu 1.

Lumbricus L. s. str. Sav.

L. complanatus Dug. Ann. des scienc. nat. XV. p. 292 pl. 9 F. 25; Lussin piccolo in Weingärten (ohne Valven).

Pontobdella Leach.

P. oligothela Schmarda Neue Wirbellose Thiere von einer Reise um die Erde Bd. I. 2. p. 5. tab. XVI. F. 144; Crivizza im Maul und an den Kiemen von Scorpaena scropha. Die von mir beobachteten Exemplare weichen in einigen Stücken von Schmarda's Beschreibung ab. — Der Körper war, wie er angiebt, grün, und zwar olivengrün, doch auf der Bauchseite nicht dunkler, und liess sehr deutlich einen dünneren bei gestrecktem Körper etwa ⅓ der Totallänge betragenden Halstheil und einen Leib unterscheiden, jener ist fast glatt geringelt, dieser abwechselnd mit glatten und knotigen Ringen versehen; letztere sind meist durch je 4 glatte von einander getrennt, und fallen namentlich durch eine stärkere höckerartige Hervorragung an ihrer Flanke auf, während auf dem Rücken nur 2 bis 3 kleine Knötchen stehen; weisse Erhabenheiten habe ich gar nicht bemerkt, wohl aber gesehen, dass sich die seitlichen, wenn das Thier ruhte, etwas contrahirten; Schmarda sagt, dass sie vorgestreckt und eingezogen werden können und dadurch an die Fussstummeln der Anneliden erinnern, vielleicht sind diese Contractionen bei grösseren Exemplaren kräftiger. Die hohl-ovale Kopfscheibe kann sich ganz platt andrücken und erscheint dann kreisrund; der hintere Haftnapf ist ein kurzer beim Anheften nur mit sehr schmalem Rande sich ausbreitender Cylinder, ich sehe daran nur sehr undeutliche hellere Strahlen. Augen sind nicht wahrnehmbar. Mit dem Ende des Halses beginnt der bei einem Exemplar mit rothem Blut gefüllte Magen, an dem ich durch angewandte Compression des Thieres 6 Paar kurze und 1 Paar lange seitliche Blindsäcke unterscheiden konnte; der anfangs zwischen letzteren liegende Darm erweitert sich, sobald er über sie hinausgetreten ist, ansehnlich, doch nur, um sogleich durch den After oben am Grunde des Endnapfes zu münden. Letzteren erkenne ich an den Weingeistexemplaren eben so deutlich als die beiden unpaarigen Genitalspalten an der Bauchseite vor dem Ende des Halses; ausserdem aber, da die grüne Farbe sich in ein lichtes Lehmfalb verwandelt hat, über jedem Seitenhöcker einen dunkeln braunen Punkt, der zugleich eine Oeffnung bezeichnet. Die ganze Rückenfläche erscheint jetzt gleichmässiger klein und quadratisch gefeldert. Mein grösstes Exemplar maass lebend in der Streckung 42 mill. bei einer Breite von 3 mill. an den Seitenhöckern, im Weingeist etwa nur 25 mill.

Phascolosoma S. Leuck.

Sipunculus verrucosus Cuv. Grube Act. Echinod. Würm. des Mittelm. p. 44; Lussin piccolo, Lussin grande, Crivizza in Steinen (6—8 Fuss bis 4½ Faden), Neresine ebenso (17—22 Faden), von allen Arten die häufigste. Ein Exemplar sah ich auf einer Alge kriechen.

Sipunculus vulgaris Blain. Dict. d. scienc. nat. Vers pl. 33. F. 3 a., b: Lussin piccolo, Lussin grande, Neresine, Crivizza.

Sipunculus Bernhardus Forb. Brit. Starfish. p. 251. Fig., S. Strombi Mont., S. capitatus Rathke Nov. Act. nat. cur. XX. I. p. 143. tab. VI. F. 20—23; Val d'Arche (27—30 Faden, 37 Faden in einer zerbrochenen Schale von Cerithium vulgatum), Neresine.

(?) Phasc. granulosum M'Coy. Ann. of nat. hist. 1845. XV. p. 272. pl. XVI. F. 2; Crivizza.

Aspidosiphon Dies.

A. Muelleri Dies., Phascolosoma scutatum Müll. Arch. f. Naturg. 1844. X. 1. p. 166. tab. V. F. A—D; Lussin piccolo im Hafen (11—14 Faden), Lussin grande in Schalen von Vermetus gigas und Cerithium vulgatum, Neresine in einer Serpularöhre.

Bonellia Rolando.

B. viridis Rol. Dict. des scienc. nat. pl. 39. Schmarda zur Geschichte der Adria p. 1. Taf. 1; Lussin piccolo im Hafen wie bei Neresine 6—8 Fuss tief, in Steinen nahe dem Ufer.

B. Turbellaria.

Die von J. Müller empfohlene Methode, Nemertinen in heissem Wasser zu tödten, habe ich öfters ohne günstigen Erfolg angewendet, dagegen kam ich auf ein anderes Verfahren, das selten fehlschlug: ich legte diese Thiere in einem Schälchen in ein Paar Tropfen Wasser und liess sie allmählich sterben, indem ich sie bloss mit einigen Algen bedeckte und das Wasser langsam verdunstete, hierbei hüllten sie sich sehr bald in eine Schleimmasse, die immer dichter wurde und ihre Bewegungen hemmte; in solchem erstarrten Zustande that ich sie dann in Weingeist, ohne dass die Bewegung wiederkehrte: sie waren nur ein wenig eingeschrumpft.

Valencinia Qfg.

Corpus vermiforme, elongatum, subteres vel paulo depressum forma minus variabili. Apertura proboscidem emittens infera, a margine anteriore remotum.

V. ornata Qfg.; Edw. Qfg. Blanch. Rech. anat. et physiol. pend. un voyage sur les cotes de la Sicile II. p. 99. pl. 10. F. 1.; Fusco-badia, linea media dorsuali et ventrali alba, annulis albis linearibus multis, anticis maxime, mediis et posterioribus minus distantibus, striis albis 3 ab apertura anteriore ad frontem patentibus. parte capitali dilatata, suborbiculari, oculis rimisque lateralibus nullis: Privlaku bei St. Martino (25 Faden).

Cerebratulus Ren. Qfg.

Corpus brevius minusve elongatum, depressum, minus proteiforme, apertura proboscidem emittente frontali marginali.

C. spectabilis Qfg. l. c. II. p. 131. pl. 17. F. 12.

Brevis, supra pallide brunneus, lineis longitudinalibus albis 5, infra albus postice minus attenuatus parte capitali augustata, rimis lateralibus seriebusque oculorum brevibus munita, proboscide falcicula denticulata instructa.

Lussin piccolo im Hafen auf 6—9 Faden Tiefe in Steinen nahe dem Ufer, aber auch 11—14 und 17 Faden tief, vor der Bocca grande (15 Faden tief), vor der Bocca falsa (24 Faden), Lussin grande im Val d'Arche (17 Faden) und vor dieser Bucht (35 Faden), Neresine (17—22 Faden).

Eine der häufigsten Arten, bis 80 mill. lang, 6 mill. breit, gewöhnlich kleiner, plattrund, hell leberbraun mit etwa 5 weissen Längsstreifen auf dem Rücken, deren mittlerer linear, Bauch weiss, an ihm 3 sich contrahirende violette Gefässstämme, am schmäleren Kopfende jederseits 2 grauliche Längsstreifen, in dem inneren derselben 5—8 Aeugelchen hinter einander, am Seitenrande desselben eine nicht lange Seitenfurche. Das Thier contrahirt sich stellenweise und kann, sich S-förmig hin und her schwingend, wie ein Blutegel schwimmen.

C. crassus Qfg. O. c. II. p. 130. pl. 16. F. 14.

Brevis, latus, depressus, utrinque valde attenuatus, supra flavo-castaneus, subtus albus, parte capitali haud discreta, rimis lateralibus et oculorum plurimorum seriebus 4 munita, proboscide inermi.

Lussin piccolo vor der Bocca falsa (24 Faden), Crivizza (27 Faden), Cigale (36—37 Faden). Seltener als die vorige Art, Quatrefages bildet ein Exemplar von mehr als 4 Zoll Länge und 0,5 Zoll Breite ab, das grösste der meinigen erreichte noch nicht 3 Zoll.

Zu derselben Gattung stelle ich, wenigstens vorläufig, bis sie einmal anatomisch untersucht sein werden, folgende Nemertinen:

C. geniculatus Qfg. l. c. II. p. 133. pl. 17. F. 11. (Polia geniculata d. Ch. nach Qfg.). Vermiformis subteres paulo depressus, supra ex olivaceo griseus vel brunneus subtus albidus vel pallide griseus, annulis linearibus albis paulo splendentibus satis inter se distantibus ornatus, parte capitali haud discreta, antice rotundata, rimis lateralibus et seriebus oculorum 3 ad 6 munitus.

Crivizza im Hafen (10 Faden). Lussin piccolo vor der Bocca falsa (24 Faden); nur 2 Exemplare. Länge des grösseren Exemplars in der Streckung 30 mill. bei 1 mill. Breite, doch war ohne Zweifel das ganz kurze, plötzlich wie ein Griffelchen abgesetzte Hinterende in der Reproduction begriffen und das Thier also ursprünglich länger gewesen. Dieses Hinterende konnte sich auf das Doppelte und Dreifache verlängern, der Vorderleib war nicht so bedeutender Veränderung fähig, und zeigte weder auffallende Verschmälerungen noch Verbreiterungen. Am Seitenrande des Kopftheils sah ich bei diesem Thier nur drei Aeugelchen hinter einander, die Seitenfurchen reichten bis zum ersten weissen Ringe, und das durch ihn begrenzte Körperstück war etwa zweimal so lang als breit, die nächstfolgenden Ringe standen ziemlich gleich weit von einander ab, etwas weniger als der erste vom Stirnrand, der 6te und 7te sehr viel weiter auseinander, im Ganzen zählte ich 15 Ringe bis zu dem reproducirten Hinterende. In dem Habitus weicht diese gestreckte Art von den beiden vorigen merklich ab; die bei Quatrefages grasgrüne Färbung und die dort nur fraglich angegebene Existenz der Augen kann mich um so weniger abhalten, die bei Lussin erhaltenen Exemplare für dieselbe Species zu halten, da ich bei Cherso eines von olivengrüner Farbe gefunden*). Auch dieses zeigte das griffelförmig abgesetzte Schwanzende, aber jederseits 6 Augen, die Zahl der Augen ist also nicht constant und ihre Deutlichkeit vielleicht auch nicht immer gleich.

C. croceus Gr. (an Nemertes?)

Vermiformis, subteres, paulo depressus croceus, aurantiacus vel lateritius parte frontali quasi seposita, triangula, longiore quam lata, rimis lateralibus instructa, annulo nuchali albo, ore aperturam frontalem proximo.

Crivizza aussen vor der Buchl (einige 20 Faden tief), Cigale 30 Faden.

---

*) Grube, Ausflug nach Triest p. 80.

Das grösste der 3 erhaltenen Exemplare misst im Weingeist 20 mill., bei einer Dicke von 1,5 mill. Die Seitenfurchen habe ich erst nach der Aufbewahrung in Weingeist bemerkt, die lebenden Thiere konnte ich nur ganz kurze Zeit beobachten.

Diese Art erinnert durch die Färbung an meine **Meckelia aurantiaca**,[*]) die aber keine Seitenfurchen am Kopftheil, weisse Seitenränder und einen violetten Fleck an der Stirne besitzt.

C. flavifrons Gr. (an Nemertes?)

Niger, subtus fuscus, corpore minus proteiformi, parte capitali alba, fronte ipsa flava rimis lateralibus brevibus, oculis nullis.

Privlaka (25 Faden), vor Val d'Arche (35 Faden), Cigale (36 Faden).

Ich reihe dieses Thier nur wegen der äusseren Aehnlichkeit an die vorige Art, es könnte vielleicht auch eine Oerstedia oder ein Nemertes sein, denn die Unterschiede dieser Gattungen getraue ich mir nach den von Quatrefages gegebenen Diagnosen nicht in jedem Fall wieder zu erkennen. Der Körper der hier beschriebenen Nemertine kann zwar stellenweise anschwellen, aber lange nicht in dem Grade, wie dies Quatrefages bei seinen Polien, z. B. bei der schwarzgefärbten P. opaca, bei P. glauca u. a. abbildet.[**]) Augen habe ich nicht bemerkt.

Bei Neresine in 8 Faden Tiefe habe ich eine ähnliche schwarze Nemertine erhalten, die keine gelbe, sondern eine schwarze Stirn und hinter derselben eine weisse lineare Ringbinde trug. Bei diesem Exemplar, das nach der Aufbewahrung in Weingeist noch mindestens 70 mill. lang und 1 mill. dick ist, finde ich die Seitenfurchen verhältnissmässig viel länger (2 mill.); es verdickte sich während des Lebens nur an einzelnen Stellen und sehr wenig.

Polia d. Ch., Qfg.

Corpus vermiforme, plus minus depressum et proteiforme, apertura proboscidem emittente frontali, marginali.

P. quadrioculata Qfg. l. c. II. p. 128. pl. 16. F. 10, Nemertes quadrioculata Johnst.

Brevis, subteres, utrinque obtusa, haud proteiformis, alba, parte capitali haud distincta, oculis 4 quadratim dispositis, proboscide stylifera, una tantum perula styligera insigni.

Val d'Arche (30 Faden) frei, Lussin piccolo in der Kiemenhöhle einer **Phallusia mamillata** aus 19 Faden Tiefe in dem Hafen, mehrere Exemplare.

Letztere massen im Weingeist bis 7 mill., lebend wohl das Doppelte, und bewegten sich sowohl in jener Ascidie als herausgenommen sehr lebhaft.

---

[*]) Arch. f. Naturg. 1848. XIV. p. 148. tab. VII. F. 1.
[**]) O. c. II. p. 114. pl. 14. F. 1., p. 118. pl. 15. F. 7.

Borlasia Oken. Qfg.

Corpus vermiforme, longissimum, plus minus taeniaeforme, contortuplicatum, apertura proboscidem emittente frontali marginali.

B. carmellina Qfg. l. c. p. 108. pl. 12. F. 4.

Longissima retrorsum sensum attenuata supra albida striolis longitudinalibus plurimis sine ordine confertis luteo-brunneis, parte capitali haud separata foveolis 2 lateralibus brevissimis munita, fronte obtusa.

Zu dieser Art glaube ich eine Nemertine rechnen zu dürfen, welche ganz ähnlich gezeichnet und mit ganz ähnlichem Kopftheil versehen, aber mehr rundlich als bandförmig und obwohl unvollständig, doch ausserordentlich klein ist und in der Länge nur 15 mill. bei etwa 2 mill. Breite misst. Am Stirnrand bemerke ich jederseits eine Reihe von 5 bis 6 dunkeln Pünktchen, vielleicht Aeugelchen, die nach Quatrefages fehlen, und am Kopftheil und vorn auf dem Rücken des Leibes 2 helle Linien nebeneinander, die sich nur eine kurze Strecke nach hinten fortsetzen. Die Bauchseite ist weitläufig mit kleineren braunen Tüpfelchen besetzt; Crivizza (27 Faden).

Zu derselben Gattung stelle ich auch eine von Quatrefages als synonym zu sineer Polia geniculata aufgeführte Nemertine:

Meckelia annulata Gr. Act. Echinod. Würm. d. Mittelm. p. 58. F. 7 a, b; Arch. f. Naturg. 1848. XIV. 1. p. 146.

Taeniaeformis, stricturis et dilatationibus mutabilis, partibus lateralibus a media plus minus separatis, posteriora versus sensim angustata, antice paulo incrassata, lobo capitali obtuse triangulo plano, saepius distincte sulco separato, rimis lateralibus longis munito, ex fusco viridis, annulis albis linearibus dorso interruptis, inaequaliter distantibus, interdum geminatis, 30 ad 70.

Länge 4—15 Zoll, Breite 1,5 bis 6 Linien.

Auf dieser Reise erhielt ich nur ein Exemplar, und zwar aus dem Hafen von Lussin piccolo; es war nur wenige Zoll lang und zerriss sogleich in zwei Stücke.

Proceros Qfg.

Genus Planariarum Polyceli simile oculis plurimis catervatim in dorso anteriore vel ad marginem anteriorem confertis, praeter eos plicis frontalibus erectis 2, tentacula imitantibus munitum, ore infero, anteriora vel posteriora versus sito.

Pr. sanguinolentus Qfg. l. c. II. p. 38. pl. 4. F. 6.

Ovalis, planus, luteolus margine et parte media albidis, intestino antice ramoso sanguineo perlucente, ocellis catervas 2 juxta lineam dorsi mediam componentibus, ore subterminali, plicis frontalibus longitudine sua distantibus postice ocellos aliquot ferentibus.

Die von mir gefundene Planarie, welche ich für diese Art halte, war nur 9 -10 mill. lang und 6 mill. breit, — Quatrefages giebt das Doppelte an, — ganz weiss mit prächtig durchschimmerndem blutrothen Darmkanal, von dem man nur aus seiner vorderen Hälfte jederseits 3 verzweigte Hauptäste abgehen sah: das vorderste Paar begegnet sich in einem langgezogenen Ringe, unter diesem Raume liegt der Rüssel, dessen Oeffnung ich hinter der Mitte zu erkennen glaube, und an der vorderen Grenze jenes Raumes stehen 2 Häufchen schwarzer Augenpunkte — in jedem etwa 17, — vor ihnen am Stirnrande 2 kurze stumpfe Fühler, an deren Hinterwand auch noch etwa 4—5 Augenpunkte bemerkbar sind. Von Genitalien konnte ich nichts unterscheiden.

Das einzige Exemplar, bei Crivizza auf 27 Faden Tiefe gefunden, war äusserst zart, wurde mir erst am Abend gebracht, so dass ich es zum Theil noch bei der Lampe untersuchen musste, und fing bereits über Nacht abzusterben an.

VIII. Echinodermata.

Holothuria L.

H. regalis Cuv. Neresine (25 Faden), Crivizza (27—30 Faden).

H. tubulosa Gm. Tiedemann Anat. der Röhrenholothurie p. 3. Taf. 1., die Kalkkörperchen der Haut in Sars' Middelhavets Littor. faun. I., II. tab. 2. F. 75—77; Lussin piccolo im Hafen (bis 10 Faden).

Kleine Holothurien von nur 25 mill. bis 52 mill. Länge und 5 Zoll Dicke (im gestreckten Zustande), die ich für Junge dieser Art halten muss, und welche erst 3 Doppelzeilen von Bauchfüsschen besitzen, habe ich aus viel grösseren Tiefen erhalten, nämlich einmal im Hafen von Lussin piccolo von 19 Faden Tiefe und ein anderes Mal bei Cigale von 33 Faden Tiefe. Sie krochen bald allein mit den Fühlern, bald mit diesen und mit den Bauchfüsschen.

H. Catanensis Gr. Fig. 7; Grube Actin. Echinod. Würmer d. Adriat. und Mittelm. p. 35; diese Holothurie, deren einziges bei Catania gefundenes Exemplar leider verloren gegangen war, glaube ich bei Lussin wiedergefunden zu haben, und zwar in grösseren Exemplaren, bei denen entschieden kleine Rückenfüsschen vorkommen, während ich es bei meiner früheren nur nach meinen Notizen gegebenen Beschreibung in Zweifel stellen musste, ob sie vorkämen. Sie unterscheidet sich von H. tubulosa zunächst durch ihre Färbung und ihre grössere Weichheit. Rücken und Seiten sind dunkel grünbraun oder braungrün mit noch dunkleren kleinen spitzen Papillen, aus denen weisse Füsschen mit schwarzen Spitzen hervortreten, sie bilden etwa 7 unregelmässige Längsreihen, die Bauchseite ist ölgrün oder noch gelblicher mit dunkeln Füsschen, die sich in 3 Längszüge ordnen. Die Fühler hatten die Farbe der Bauchseite, streckten sich oft in einem weiten Kreise aus und konnten sich anheften. Ein zweiter Unterschied ist, dass die Haut nur äusserst spärliche, etwa bis 0,1 Linie aus einander stehende und überaus kleine Kalkkörperchen enthält — es sind rundliche Scheiben von 0,0132 Linie Durchmesser mit nur 4 Oeffnungen und dünnen Rahmen, nie so gestreckte und mit so zahlreichen Löchern versehene

---

*) Düben und Koren Kongl. Vetensk. Handling für 1844 tab. V. F. 42.

wie sie Sars von H. tubulosa abbildet —, und dass in der Wandung der Füsschen die Stäbchen, welche bei letzteren und den meisten Arten horizontal und in die Runde gelagert sind, entweder fehlen oder doch nur äusserst zart und spärlich vorkommen. In der Seitenwand der Bauchfüsschen sehe ich einzelne Kalkgitterstücke von 0,1032 Lin. Länge mit 10 Oeffnungen in der Länge und 3 in der Breite.

Das grössere Exemplar, welches 9 Zoll lang und 3 Zoll dick war und jetzt im Weingeist nur noch 3¼ Zoll in der Länge und 1¼ Zoll in der Breite misst, färbte lebend meine Hand so intensiv gelb, dass ich noch am nächsten Tage die Farbe nicht ganz abwaschen konnte, und den Weingeist grüngelb, beim Tödten warf es einen Theil seines Darmkanals aus; das andere war nur 80 mill. lang und 30 mill. breit, und färbte den Weingeist nicht so intensiv. Beide wurden aus einer Tiefe von 25—27 Faden heraufgeholt, das grössere bei St. Martino, das kleinere aussen vor dem Hafen von Lussin piccolo bei Scoglio Zabadoski. Demnach würde die Diagnose dieser Art lauten:

H. catanensis: Subcylindrata, utrinque attenuata rotundata, cute molli corpusculis calcariis paucissimis, minutissimis, discis orbicularibus, foramina 4-na continentibus, dorso nigricante ex viridulo brunneo, ventre pallide olivaceo, tentaculis 20 laciniato-peltatis pedibusque ventralibus ejusdem coloris, his teretibus, disco terminali maxime distincto, ordines spissos 3 longitudinales componentibus, p. dorsualibus conicis minus crassis, albidis basi dilatata, apice nigris.

H. (Sporadipus) Stellati d. Chiaie. Mem. I. p. 82, 112. tab. VII. F. 3. Grube Act. Echinod. Würm. d. Mittelm. p. 37.

Elongato-cylindrata, ex violaceo brunnea vel fusca, cute molli corpusculis calcariis ovalibus, foramina 4 vel 6 continentibus densissime repleta, tentaculis 20 laciniato-peltatis, albidis pedibus ventralibus et dorsualibus sparsis aequalibus, disco terminali albido.

Ein Weingeistexemplar misst 4,2 Zoll in der Länge, 0,85 in der Dicke, im Leben mag es das Doppelte betragen haben.

Lussin grande (17 Faden), Crivizza (30 Faden).

Wenn ich auch Sars beipflichte, dass die Gattung Sporadipus von Holothuria durch die Beschaffenheit der Füsschen nicht wesentlich abweicht, da auch die Rückenfüsschen der Holothurien am Ende ein siebartig durchlöchertes Kalkscheibchen tragen, so kann man diesen Namen doch zur Bezeichnung derjenigen Gruppe von Holothurien anwenden, bei welcher äussere Form, Grösse und Vertheilung von beiderlei Füsschen übereinstimmen. Dies gilt namentlich auch von dieser Art, deren Körper, wenn die Füsschen zurückgezogen sind, überall wie mit weissen runden Punkten überstreut aussieht. Auch unter den jetzt gefangenen Exemplaren habe ich keines bemerkt, das seine Eingeweide ausgeworfen hätte.

H. (Sporadipus) glabra Gr. F. S; Act. Echinod. Würm. d. Mittelm p. 37.

Cylindrata utrinque rotundata, badia, subtus pallidior, saepe maculis albidis adspersa interdum marmorata, cute molli corpusculis calcariis minutissimis ovalibus foramina plerumque 6 continentibus dense repleta, tentaculis laciniatopeltatis 20 (18) albidis, pedibus ventralibus et dorsualibus sparsis, plerumque albidis disco fusco, his paulo brevioribus magis attenuatis plus minus conicis.

Ein Exemplar mass lebend 8 Zoll in der Länge, jetzt im Weingeist 3 Zoll in der Länge, 1 Zoll in der Dicke; Lussin piccolo im Hafen (17 Faden), Crivizza (27—30 Faden), Cigale (30 Faden und 36—37 Faden).

Da die Färbung dieser Holothurie im ganzen ziemlich hell ist, erkennt man schon mit einer mässig scharfen Loupe die Kalkkörperchen in der Haut, doch habe ich bisher nur an den in den Füssen enthaltenen Scheiben pyramidale Aufsätze bemerkt, die Stäbchen in den Füssen sind zahlreich.

Cucumaria Blainv.

C. doliolum Sars Middelh. Littor. faun. II. p. 120. tab. I. F. 18—23; Holothuria doliolum Pall., Cladodactyla doliolum Grube Act. Echinod Würm. des Mittelm. p. 39,

Neresine (9—10 Faden und 19—22 Faden), Lussin piccolo im Hafen (11—14 Faden).

C. tergestina Sars. Middelh. Littor. faun. II. p. 129. tab. I. F. 36, 37, 38. tab. II. F. 39: Lussin piccolo im Hafen (19—20 Faden).

Spatangus Lam.

Sp. meridionalis Risso Hist. nat. V. p. 280: blosse Schalstücke. Cigale (30 Faden), Lussin grande ausserhalb der Bucht von Val d'Arche.

Schizaster Ag.

Sch. canaliferus Agass. Ann. des scienc. nat. 3. Sér. VIII. p. 21. Encycl. méthod. pl. 156. F. 1—3, Spatangus canaliferus Lam.; leere Schalen ohne Stacheln. Neresine (20 Faden), Lussin grande vor Valle Jacovla (35—37 Faden).

Echinocyamus v. Phels.

E. tarentinus Agass. Ann. des sc. nat. 3 Sér. VII. p. 140. Spatangus pusillus Müll. Zool. Dan. III. p. 18. tab. XCI. F. 5, 6; nach Sars nicht von E. tarentinus verschieden. Fibularia tarentina Deslongch. Lam. Lebend Lussin piccolo im Hafen (17 Faden), blosse Schalen Lussin grande (17 Faden), Neresine (9—10 Faden).

Echinus L.

Echinus lividus Lam., E. saxatilis Tied. Anat. der Röhrenholothur. p. 68. Taf. X: Lussin piccolo im Hafen (etwa 2 Faden).

E. microtuberculatus Blainv. Dict. des scienc. nat. XXXVII. p. 88: Neresine (17—22 Faden), Lussin grande (30, 32—37 Faden.)

---

*) Middelhavets Littoral Fauna 1. 2. Afdel. p. 116.

E. brevispinosus Risso, Valentin Anat. des Echinod. p. V. tab. 1. F. 4—6; Lussin grande (35—37 Faden), Neresine.

E. melo Lam., S. Deslongch. (E. Flemingii?); Neresine (27—29 Faden), Lussin grande (32—37 Faden), hier nicht selten.

Unter diesem Namen habe ich oben (p. 18 und 23) einen Seeigel aufgeführt, der vielleicht richtiger als E. Flemingii bezeichnet würde. Wenn man Lamarck's Diagnose des E. melo „Echinus globoso-conicus, assulatus ex luteo et rubro variegatus et fasciatus, fasciis porosis, angustis flexuosis, pororum paribus transverse binis" zu Grunde legt, so darf man ohne Bedenken die vorliegenden Exemplare mit diesem Namen bezeichnen. Zwar ist der Ausdruck „transverse binis" nicht ganz klar, da die Poren in Systemen von 3 Paaren stehen, aber diese Systeme bilden so wenig geneigte Reihen, dass das unterste Paar des einen fast neben dem obersten Paar des andern steht, sie also nahezu 2 Längszeilen darstellen, während bei E. Sardicus Lam. je 3 Porenpaare neben einander stehen, und Niemand, der E. melo gesehen, hat an jenem Ausdruck Anstand genommen. Da aber spätere Beschreiber in die Lamarck'sche Beschreibung noch einige Merkmale aufgenommen haben, so fragt sich, ob auch diese bei unsern Exemplaren zu finden sind. So erwähnt Blainville*) und Valentin**), dass die Stacheln kurz, z. B. bei einem überaus grossen Exemplar von 6 Zoll Durchmesser höchstens 1 Zoll lang sind (Val.), und Blainville fügt hinzu, dass die Schale nur mit sehr wenigen Stacheln besetzt sei, welches beides Agassiz bestätigt***). Von besonderem Gewicht ist ferner, was Sars sagt†), da dieser auch den von Blainville noch nicht erwähnten, früher nur für nordisch gehaltenen E. Flemingii Ball bei Neapel entdeckt und beide Formen des Mittelmeers neben einander gesehen hat. Dennoch muss, da er nur E. melo und E. sphaera vergleicht, die Aehnlichkeit des ersteren mit E. sphaera grösser als mit E. Flemingii sein; Sars nun hebt hervor, dass E. melo eine weniger herabgedrückte Schale und diese eine hellere orangerothe Farbe habe, dass von den Interambulacraltäfelchen der oberen Fläche nur jedes zweite, von den Ambulacraltäfelchen aber meist erst jedes dritte einen Stachelhöcker erster Ordnung trage, und die übrigen Stachelhöckerchen sehr viel kleiner als dieser seien, wogegen bei E. sphaera auf jedem Interambulacral- und auf jedem 2ten Ambulacraltäfelchen ein Stachelhöcker erster Ordnung vorkomme, und die übrigen Stachelhöckerchen wenig, auf den Interambulacralfeldern auch wohl gar nicht kleiner als jener seien. E. Flemingii, wie wir aus der Beschreibung und Abbildung von Düben und Koren††) entnehmen, muss darin von E. melo abweichen, dass jedes Interambulacraltäfelchen der oberen Fläche einen Stachelhöcker erster Ordnung trägt, wäh-

---

*) Dict. des scienc. nat. XXXVII. p. 77.
**) Anat. des Echinod. p. V.
***) Ann. des scienc. nat. 3. sér. VI. p. 365.
†) Middelhav. Littoral. Faun. 1. 2. Afdel. p. 111.
††) Kongl. Vetensk. Handl. für 1844. p. 266. tab. IX. F. 31, 32.

rend einzelne Ambulacraltäfelchen übersprungen werden, sich zwar auch zwanzig Längsreihen von Stachelhöckern erster Ordnung bemerkbar machen; die auf ihnen sitzenden Stacheln aber 2—3 mal so lang als die Stacheln zweiter Ordnung sind, an der Unterseite werden letztere grösser und zahlreicher. Bei einer Schale des E. Flemingii von 54 mill. Höhe, der etwa ein Durchmesser von 67 mill. (c. 2¾ Zoll) entsprechen würde, waren die längsten Stacheln 27 mill. (1 Zoll) lang, bei kleineren Schalen relativ noch länger, z. B. bei einer Schale von 36 mill. Höhe (der etwa ein Durchmesser von 46,5 mill. [1⅔ Zoll] entsprechen würde) die längsten Stacheln 30 mill. (1⅑ Zoll). Die Stacheln sind grünlich gelb, an der Basis purpurroth gefärbt, und die Schale blassgelb mit 20 rothen verticalen Binden. Die Mundhaut soll dünn und nur gegen den Aussenrand hin mit einzelnen Kalkkörnchen, welche 1 Stachelchen tragen, versehen, und die Pedicellarien klein und spärlich sein.

Die mir vorliegenden Exemplare des als E. melo bezeichneten Seeigels weichen sowohl von der Beschreibung von E. melo als von E. Flemingii ab; die Stachelhöcker erster Ordnung finden sich allerdings wie bei E. melo (Sars) in den Interambulacralfeldern nur auf jedem zweiten Täfelchen, (ausser auf der Bauchseite der Schale, wo auf jedem einer vorkommt), aber in den Ambulacralfeldern finden sich statt ihrer nur sehr viele kleinere Stachelhöcker zweiter Ordnung und zwar einer auf jedem zweiten Täfelchen; bei einzelnen anderen Exemplaren von gleichem Durchmesser finde ich die Höcker erster Ordnung auf den Interambulacralfeldern auffallend klein, kaum grösser als auf den Ambulacralfeldern, und entsprechend auch das Verhältniss der Stacheln, diese nämlich gleich lang, während bei einem Exemplar der erstbezeichneten Reihe die längsten interambulacralen Stacheln die doppelte Länge der ambulacralen besitzen, der Schalendurchmesser eines solchen war 4,9 Zoll, seine Höhe etwa 3,6, die längsten Stacheln 1,5 Zoll (40 mill). So sehr diese Beschaffenheit der Stacheln zu Echinus Flemingii passen würde, so stimmt doch andererseits mit dieser Art durchaus weder die Vertheilung der Stachelhöcker erster Ordnung überein, wie sie Sars angiebt und Düben und Koren abbilden, noch auch die Grösse der ansehnlicheren Stachelhöcker auf den Ambulacralfeldern; statt 20 ausgeprägten Reihen von Stachelhöckern erster Ordnung zeigen sich nur 10, aber auch diese Höcker können auf den halben Durchmesser herabsinken, und stimmen dann mit dem grösseren auf den Ambulacralfeldern überein. Zieht man dagegen die Beschreibung und Abbildung des E. Flemingii von Forbes zu Rathe, so passt sie freilich insofern besser zu unseren Exemplaren von Lussin, als der grosse Stachelhöcker auf einzelnen Interambulacralfeldern der oberen Hälfte fehlen kann. Die Stacheln erster Ordnung sollen die Stacheln zweiter Ordnung dreimal an Länge übertreffen, sind aber bei weitem nicht so lang als bei Düben und Koren (bei einer Schale von etwa 46 mill. Durchmesser höchstens 11 mill. in der Abbildung). Man könnte ferner darin eine Abweichung von Düben und Koren finden, dass nach Forbes jedes Ambulacraltäfelchen einen Stachelhöcker erster Ordnung tragen soll; allein Forbes, wie die Figuren ausweisen, rechnet 2 Ambulacraltäfelchen für 1, indem seine Angabe nur herauskommt, wenn auf 1 solches Täfelchen 6 Porenpaare bezogen werden, während bei Düben und Koren bloss 3 dazu gehören (womit Sars übereinstimmt); hierdurch gleicht diese Abweichung sich aus.

Was die Färbung anlangt, so scheint E. melo und E. Flemingii darin übereinzustimmen; alle meine Exemplare haben eine hellrothe Schale, diejenigen, die schon längere Zeit abgestorben auf dem Meeresgrunde gelegen hatten, mit 20 sehr deutlichen vom Scheitel herabgehenden weissen Binden, die lebend gefangenen, oder noch mit dem Hautüberzuge versehenen, ohne solche Zeichnung, aber doch blässer und gelblich zwischen den Reihen der grösseren Stacheln. Die Stacheln waren hellgrün, an der Basis blässer, nur an der Spitze purpurroth, bei einigen erstreckte sich das Rothe auch auf die Höcker, denen sie aufsitzen; bei E. Flemingii sollen die Stacheln gelblich oder grünlich und an der Basis immer, oft auch bis nahe an die Spitze purpurroth sein. Das grösste Exemplar des E. Flemingii von Düben und Koren maass 99 mill. (3,6″) im Durchmesser und 84 mill. (3,1″) in der Höhe, das von Ball an Forbes geschickte c. 4,5 engl. Zoll im Durchmesser und 3,5 in der Höhe; das grösste Exemplar, das ich erhielt, hatte einen Durchmesser von 5,25 Zoll (151 mill.) und eine Höhe von 4 Zoll (108 mill.), war also nur ¾ Zoll kleiner als das von Valentin erwähnte Exemplar von E. melo, und sein längster Stachel mass 1,75 Zoll, doch muss ich hinzusetzen, dass Stacheln von annähernder Länge sehr spärlich waren, und die gewöhnliche Länge der grösseren nur 1,4 Zoll betrug.

Da nun Deslongchamps auch am E. melo sehr lange Stacheln angiebt[**]), und die Beschreibungen des E. Flemingii in der Vertheilung der Stacheln unter einander abweichen, so scheint mir überhaupt fraglich, ob beide Seeigel nicht zu einer Art gehören. Die Abbildung, die Philippi von der Schale eines E. melo und der Vertheilung der Stachelhöcker giebt, würde mit meinen Exemplaren am besten übereinstimmen, wenn nicht vielleicht in Folge der Missbildung die Ambulacraltäfelchen zu hoch und breit erschienen.

Alecto Leh.

A. europaea Leach, Comatula mediterranea Lam., Encycl. méthod. pl. 124. F. 6; Neresine (9 Faden), Lussin piccolo im Hafen nahe der Bocca grande (15 Faden), Crivizza (30 Faden), Lussin grande, nur bunte Exemplare (37 Faden).

---

[*]) British starfishes p. 164.
[**]) s. Valentin Anatom. p. V.: Der Verfasser meint hier, dass die Angabe von Deslongchamps auf einer Verwechslung beruhe.
[***]) Arch. f. Naturgesch. 1837. III. 1. Taf. V.

Ophiothrix Müll. u. Trosch.

O. fragilis M. Tr. Syst. der Asteriden p. 110, Asterias fragilis O. Fr. Müll. Zool. Dan. III. p. 98. tab. XCVIII; Lussin piccolo im Hafen (17 Faden), Neresine (22 und 27—29 Faden), Crivizza (27 Faden), Lussin grande (37 Faden).

Ophiomyxa Müll. u. Trosch.

O. pentagona Müll. u. Trosch. l. c. p. 108. tab. IX. F. 3. (Ophiura pentagona Lam.); Ossero im Schlamm (1 Faden tief), Neresine (17 — 22 und 27 — 29 Faden), Lussin grande 1 Exemplar mit nur 4 Armen.

Ophiopsila Forb. (Ophianoplus Sars).

Oph. aranea Heller Sitzber. d. K. Akad. d. Wissensch. in Wien XLVI p. 432. tab II. F. 17—20., Ophiura aranea Forb., Ophianoplus marmoreus Sars Middelh. Litt. faun II. p. 83, Lussin piccolo im Hafen (etwa 15 Faden), Neresine (25 Faden), Crivizza (27 Faden), Cigale (30 Faden).

Einer der zierlichsten Haarsterne, aber sehr hinfällig, indem nicht bloss die langen Arme leicht abbrechen, sondern auch die zarthäutige Rückendecke der Körperscheibe leicht zerreisst. Farbe und Muster der Zeichnung wechseln. Meistens sieht man auf einer dunkler oder heller braunen Scheibe zahlreiche weisse, mitunter ziemlich strahlig vertheilte Flecken; je grösser diese werden, desto mehr erscheinen die braunen Zwischenräume als ein blosses Geäder von mäandrischen Linien auf weissem Grunde, an den Armen pflegen braune und weisse Glieder zu alterniren, jene zu je 4, diese zu je 3, von denen das mittlere gedeckter erscheint. Bei der schönsten Varietät, die ich besitze, ist die Scheibe weiss mit einem Netzwerk von ziegelrothen und schwarzbraunen mäandrischen Linien, die Arme ziegelroth, weiss und schwarz gebändert, in der Art, dass zwischen je 2 weissen Gliedern ein schwarzes auftritt und sich andererseits zwischen die weissen 2 ziegelrothe einschieben.

Bei der Berührung phosphorescirt diese schöne Opsiuride mit hellgrünem Licht.

Pectinura Forb. Hell.

P. Forbesii Hell. Sitzungsber. d. Kais. Akad. d. Wissensch. 1862. XLVI. p. 422. tab. II. F. 5 – 8; Lussin piccolo im Hafen (c. 15 Faden), Crivizza (gegen 27 Faden.)

Ophiura Lam. s. str. Lütk. **Ophiolepis** Müll. Trosch.

O. texturata Lam., Asterias ciliata Retz., Ophiolepis ciliata Müll. Trosch. l. c. p. 91. tab. VII. F. 1; Neresine (9 Faden), Lussin grande (32 bis 37 Faden).

Oph. albida Forb. Cigale (30 Faden), O. stenura Lor. Lussin grande 35 Faden).

Beim Kriechen pflegen diese Haarsterne ihre Strahlen wie lange Beine zu brauchen, sie krümmen und strecken sie nur, ohne sie zu schlängeln, bald so, dass sie einen Strahl nach vorn strecken und mit den beiden benachbarten sich vorwärts schieben, bald umgekehrt, indem sie mit 2 Paar Strahlen sich vorwärts schieben und den fünften nach hinten ausstrecken, bald indem sie sich mit 3 neben einander liegenden Strahlen vorwärts bewegen und die beiden hinteren ausgestreckt tragen.

Amphiura Forb.

Asterias filiformis O. Fr. Müll. Zool. Dan. II. p. 24. tab. LIX. Müll. Trosch. l. c. p. 94; Cigale (30 Faden).

Ophioderma Müll. u. Trosch.

O. longicauda Müll. u. Trosch. l. c. p. 86 (Asterias longicauda Linck), Encycl. méth. pl. 122. F. 4; Asterias ophiura delle Chiaie Mem. II. p. 358 tab. XX. F. 1; Neresine (20 Faden), Lussin grande vor Val d'Arche (30 und 35 Faden), vor Valle Jacovla (35—37 Faden).

Ein Exemplar war auffallend bunt gefärbt, der Rücken der Scheibe graulich olivengrün, unregelmässig ziegelroth gefleckt, in der Mitte heller, die Unterseite ziegelroth, auf jedem Mundschild ein weisslicher Fleck, die Arme hellgrau mit breiten kastanienbraunen am Rande rechts und links schwarzbraunen Binden, über die Mitte eine Reihe weisser Tüpfelchen, die grauen Schildchen meist weiss gerandet, die Bauchschilder mitten ziegelroth.

Astropecten Linck.

Asterias aurantiacus L. s. str. Tiedemann Anat. d. Röhrenholothurie tab. 5, 6. Müll. u. Trosch. l. c. p. 67; Lussin grande, Val d'Arche (10 Faden), Neresine (12—15 Faden).

Asterias bispinosus Otto Nov. Act. nat. cur. XI. p. 285. tab. 39; Neresine (9—10 Faden und 12—15 Faden).

A. pentacanthus Müll. u. Trosch. l. c. p. 74. Asterias pentacantha delle Chiaie Mem. II. p. 356. tab. XVIII. F. 1—3: Neresine (9 Faden) Lussin grande, Val d'Arche (17 Faden), Lussin piccolo im Hafen (17 Faden).

Graulich in's Gelbliche, nicht orange, 1 Exemplar fleischfarbig mit lilla Rändern.

Echinaster Müll. u. Trosch.

E. sepositus Müll. u. Trosch l. c. p. 23. (Asterias seposita Retz.): Neresine (10 und 20 Faden), Lussin grande vor Val d'Arche (35 Faden), Crivizza bei Balvanida (32—35 Faden). Brennend roth.

Asteriscus Müll. Trosch.

A. verruculatus Müll. u. Trosch. l. c. p. 41 (Asterias verruculatus Retz.) Asterias exigua delle Chiaie Mem. II. p. 354. tab. XVIII. F. 1; Cigale (33 bis 35 Faden), nur ein junges Exemplar.

A. palmipes Müll. und Trosch. l. c. pag. 39, (Palmipes Linck), Encycl. méth. pl. 99. Fig. 2, 3. Asterias membranacea Retz; Neresine (22 Faden).

Der lebende Seestern gewährte einen prächtigen Anblick. Die ganze Rückenseite erschien röthlich, indem auf einem weissen Grunde meist rothe Stachelhäufchen standen, die Bauchseite weiss mit ungleich breitem blutrothen Rande. Wenn sich das Thier rücklings einbog und die Bauchseite wölbte, glaubte man ein weisses am Rande in Blut getauchtes Tuch vor sich zu haben. Die Eingeweide, wie man, gegen das Licht gesehen, erkennt, nehmen nur die Mitte der Scheibe ein und stehen weit vom Rande ab.

Asteracanthion Müll. Trosch.

A. glacialis Müll. und Trosch. l. c. p. 14. (Asterias glacialis L.) Asterias angulosa Müll. Zool. Dan. II. p. 1. tab. XLI.; Lussin piccolo im Hafen (18 Faden).

Ein überaus grosses Exemplar zeigte an seinem längsten Radius eine Länge von 9,5 Zoll, vgl. oben p. 9.

IX. Coelenterata.

Sertularia L.

S. polyzonias L. Johnst. History of the British Zoophytis 2. Ed. p. 61. pl. X. F. 1—3; Lussin piccolo.

Anemonia Risso.

Actinia cereus Ell. et Sol., Rapp. Polyp. p. 56. Taf. II. F. 3; Actinia viridis Grav. Tergestina p. 115; Anthea cereus Johnst. l. c. p. 240. pl. XLIV; Lussin piccolo 6 Fuss tief an Steinen nahe dem Ufer.

Actinia L. s. str. Edw.

A. equina, L. A. mesembryanthemum Ell. et Sol.; gehört ohne Zweifel auch diesen Küsten an, ist aber von mir während der heissen Monate meines Aufenthalts nicht bemerkt worden.

Cereus Oken.

Actinia bellis Ell. et Sol. Rapp. Polyp. p. 50. Taf. I. F. 1, 2, Johnst. i. c. p. 228. pl. XLII. F. 4. A. pedunculata Penn; Crivizza (27—30 Faden).

Bei dem von mir gefundenen Exemplar war der Leib fleischroth, mit etwa 26 weissen Längsstreifen mit einer Reihe von je 6 perlförmigen Warzen, während in den Zwischenräumen nur je 1—2 vorkommt, und zwar nur unmittelbar unter den Fühlern, wo überhaupt die Färbung mehr rauchfarbig wird. Die Fühler aussen dunkelbraun mit etwa 15 weissen Querstrichen, von denen einige ansehnlicher und an den Enden mit einem mondförmigen Längsflecken versehen sind. Die unmittelbare Umgebung des Mundes trägt die Zeichnung eines hellgrauen breit 6 strahligen, mit geschlängelten dunkeln Linien und Strahlenreihen weisser Fleckchen gezierten Sterns, jeder Strahl ist stumpf 2-lappig und die Zwischenräume braun.

Adamsia Forb.

Medusa palliata Bohadsch, A. palliata Forb. Johnst. l. c. p. 207. pl. XLII. F. 1, 2. Actinia carciniopados Otto Nov. Act. nat. cur. XI. p. 288. tab. XL; Neresine (9—10 Faden), an leeren Gehäusen von Murex trunculus (25 Faden), wie an Gehäusen von Trochus magus, Natica marocchiensis, Aporrhais pes Pelicani, die noch von Paguren bewohnt wurden, bei Neresine (22 Faden).

Actinia effoeta L. Rapp Polyp. p. 54. Taf. II. F. 2. Actinia parasitica Couch Johnst. l. c. p. 228. pl. XLI; Neresine (9—10 Faden) auf Murex trunculus.

Cerianthus d. Ch.

Tubularia membranacea Gm., Tubularia solitaria Rapp. Nov. act. nat. cur. XIV. tab. 38., C. membranaceus Haime Ann. des sc. nat. sér. IV. t. I. pl. 7, 8; Privlaka bei St. Martino (25 Faden).

Das einzige Exemplar, das gefunden wurde, war blassleberbraun und etwa 1 Zoll lang, eine umhüllende Scheide war nicht vorhanden.

Anmerkung: Ausser diesen Actinien wurden noch zwei erbeutet, die ich nicht mit Sicherheit einreihen kann.

Die eine, etwa 30 mill. lang, hinten, wenn etwas aufgeblaht, 9 mill. im Durchmesser, war fein haarbraun und weiss längsgestreift, hatte 12 weissliche sehr verkürzbare Fühler, und zeichnete sich durch grosse Veränderlichkeit und Beweglichkeit des Körpers, namentlich seiner unteren Partie aus, welche keine ausgebreitete Scheibe bildete, und sich bis auf 16 mill. Durchmesser aufblähen konnte, sie wurde dabei ganz durchsichtig und erschien dann bald pilzförmig halbkuglig, in den oberen Theil des Körpers allmählich übergehend, bald durch eine schwache Einschnürung von ihm abgesetzt. Das Ueberraschendste war, dass das Thier, sich auf die Seite legend, fortkroch, indem es dazu abwechselnd die Seitenwand des aufgeblähten Endtheils und die Seitenwand der vordersten (obersten) unmittelbar unterhalb der Fühler gelegenen Partie an den Boden heftete, wobei die Endfläche des Leibes öfters hohl gemacht wurde. Die Gestalt und die Art, wie sie sich verändert, auch der einfache Kreis der Fühler und ihre geringe Zahl erinnert ganz an Actinia chrysanthellum Johnst.[*]), welche Gosse mit seiner Peachia sagittata zusammenzustellen geneigt ist, doch habe ich am lebenden Thiere nicht auf die Gegenwart einer Oeffnung an der Unterfläche des Körpers geachtet, und jetzt ist darüber nicht sicher zu entscheiden. Die Zeichnung weicht von beiden genannten Arten ab.

---

*) Brit. Zoophyt. 2. Ed. I. p. 220.

Eine zweite ähnlich gezeichnete Actinie aber mit gelbbrauner Mundscheibe dnu blassbraunen, dicht gelbbraun punktirten Fühlern, hielt diese, so lagen ich beobachten konnte, ausgebreitet (dann 13 mill. lang) und sass mit kuglig verkürztem Leibe fest.

Die Zeichnung von beiden erinnert am meisten an meine Actinia Zebra[*]).

Caryophyllia Lam.

C. cyathus Lam., M. Edw. et. Haim. Hist. nat. des Corall. II. p. 13., Ann. des scienc. nat. 3. Sér. IX. pl. 4. F. 1., Cyathina cyathus Ehrbg. Corallenth. pag. 76, Phil. Arch. für Naturgesch. 1842. VIII. 1. p. 40; Lussin grande, Crivizza.

Cladocora H. et Ehrbg.

Cl. stellaria M. Edw. et Haim. Corall. II. p. 598. Ann. des scienc. nat. 3. Sér. X. pl. 7. F. 9., Cl. flexuosa Ehrenb. l. c.; Lussin grande vor Val d'Arche lebend (35 Faden), Neresine blosse Harttheile (9 und 16 Faden).

Balanophyllia Wood.

B. italica Michelin Icon. Zooph. p. 46. pl. 9. F. 15. Cit. v. M. Edw. et Haime Corall. III. p. 101; Lussin grande, lebend (30 Faden und 35—37 Faden). Die Haut, welche die Aussenwand des Bechers bekleidet, ist äusserst zart.

B. verrucaria M. Edw. et Haime Ann. des scienc. nat. 3. Sér. X. p. 85. pl. 1. F. 6., Madrepora verrucaria Pall.; bei Lussin piccolo aber nicht im Hafen, ohne Weichtheile.

Sympodium Ehrenb.

S. corallioides Ehrenb. Corallenth. p. 61. Gorgonia coralloides Pall. Esp. Pflanzenthiere Gorgon. tab. XXXII; Lussin grande auf Gorgonia Bertoloni.

Alcyonium L. s. str. M. Edw.

A. palmatum Pall., Esp. Pflanzenthiere Alcyon. tab. II., A. exos Gmel.; Lussin grande von den Chioggioten erhalten. (mano di St. Pietro).

Gorgonia L.

Gorgonia Bertoloni Lamx. (?) M. Edw. et Haime Hist. nat. des Corall. I. p. 161, Lamx. Expos. méth. des genres de Polypes F. 1. pl. 12; Lussin grande (37 Faden).

Milne Edwards möchte diese Art zu G. graminea ziehen, doch soll letztere an Stamm und Aesten keine Mittelfurchen haben, während dieselben bei G. Bertoloni abgebildet sind. Mein Exemplar war bleich grünlichgrau, 10 Zoll lang bei einer unteren Dicke von 3,5 mill. (im Weingeist), und hatte 3 Aeste,

---

[*]) Grube Act. Echinod. Würm. d. Mittelm. p. 7.

von denen die beiden obersten gabelig waren, die längsten Gabelzinken massen 4 Zoll.

G. verrucosa Pall. M. Edw. l. c. I. p. 159. pl. A. 2. F. 1.

Lussin piccolo im Hafen (17 Faden); ein im Leben ochergelbes Stämmchen von 5 Zoll Länge und 1 mill. Dicke im Weingeist, hat noch gar keine Aeste während kleinere schon eine ganze Reihe besitzen.

Pennatula L. s. str. Lam.

P. phosphorea Ell., P. rubra delle Chiaie Mem. III. tab. XXXI. F. 7: Herklots Notices pour servir à l'étude des polypiers nageurs p. 15: Neresine (über 20 Faden), Lussin grande von den Chioggioten erhalten.

X. Spongiae.

Ute O. Schm.

U. chrysalis O. Schmidt Supplement zu den Spongien des adriatischen Meeres p. 23. Taf. III. F. 2.

Sycon Riss.

? S. raphanus O. Schm. Spong. p. 14. Taf. I. F. 2. Das einzige im Ganzen 7 mill. lange und über 2 mill. dicke Exemplar hat die Gestalt, die Schmidt abbildet, allein die vordere Nadelkrone ist fast eben so lang als der übrige Körper, an dem ich bisher, ohne ihn stark zu verletzen, nur dreizackige Nadeln erkannt habe: Lussin grande.

S. capillosum O. Schm. Supplem. der Spong. p. 22. Ute capillosa O. Schm. Spong. p. 17. Taf. I. F. 6: Lussin grande, ohne Nadelkrone.

Dunstervillia Bowerb.

D. papillosa Gr. n. sp.? von der Gestalt der D. corcyrensis O. Schm.*), aber beide Exemplare, von denen das grössere 7 mill. lang und 3,5 mill. dick, ohne Strahlenkränze, jedenfalls eine Dunstervillia, da die Aussenschicht aus kreisförmig gruppirten Nadeln besteht. Die Strahlenkränze entwickeln sich vielleicht erst später oder könnten zufällig verloren gegangen sein. Hiervon abgesehen, besteht die Verschiedenheit von D. corcyrensis darin, dass jene Nadelgruppen der Aussenschicht nicht in einer Ebene liegen, sondern sich kegelförmig erheben, und daher die ganze Spongie wie mit Papillen besetzt und am Rande gezackt erscheint. Der vorderste etwas verengt zulaufende Theil des Körpers hat diese Papillen nicht und setzt sich daher wie ein niedriger Hals ab. Beide Exemplare waren weiss und wurden bei Crivizza gesammelt.

---

*) Die Spongien des adriatischen Meeres. p. 16. Taf. I. F. 5.

Cacospongia O. Schm.

C. cavernosa O. Schm. Spong. d. adriat. Meeres p. 28.

Spongelia Nardo.

Sp. elegans Nardo O. Schm. Spong. p. 28. Taf. III. F. 5., Spongia tupha Martius Reise nach Venedig, Lieberk.

Filifera Lieberkühn.

(F.) Hircinia O. Schm. ? flavescens O. Schm. l. c. p. 33. Taf. III. F. 12, 13, 14, 9. Es ist wenig mehr als das Hornfasergerüst erhalten.

(F.) Sarcotragus O. Schm.¡ spinosulus O. Schm. l. c. p. 35. Taf. III. F. 18. auffallend durch den starken Bromgeruch, das zähe Gewebe und dadurch, dass man nie andere Thiere daran findet; Neresine, 7 Fuss tief.

(F.) S. foetidus O. Schm. l. c. p. 36. Taf. III. F. 19.

Chondrilla O. Schm.

Ch. nucula O. Schm. l. c. p. 39. III. F. 22. Neresine, einige Fuss tief.
Ch. embolophora O. Schm. l. c. p. 39. Taf. III. F. 23; ebenda.

Tethya Lam.

T. lyncurium Lieberkühn. O. Schm. Spong. p. 14. Taf. I. F.2; Luss. picc.

Stelletta O. Schm.

St. mamillaris O. Schm. Spong. p. 48. Taf. V. F. 1.

Ancorina O. Schm.

A. cerebrum O. Schm. l. c. p. 51. Taf. III. F. 28; Lussin piccolo.

Clathria O. Schm.

Cl. corallioides O. Schm. l. c. p. 58. Taf. V. F. 10.
Cl. compressa O. Schm. l. c. p. 58. Taf. VI. F. 1; Cigale.

Esperia Nardo.

E. foraminosa O. Schm. l. c. p. 54. Taf. V. F. 3.
E. Bowerbankii O. Schm. l. c. p. 55.
E. syrinx O. Schm. l. c. p. 56. Taf. V. F. 8; Neresine.
E. massa O. Schm. l. c. p. 56; Crivizza (10—11 Faden tief) im Hafen.

Suberites Nardo.

S. domuncula Nardo O. Schm. l. c. p. 67, (Alcyonium domuncula Oliv.), Halichondria compacta Lieberk.

Papillina O. Schm.

P. suberea O. Schm. Spong. des adriat. Meeres p. 69.

Myxilla O. Schm.

? M. anhelans O. Schm. l. c. p. 72.

Reniera Nardo.
R. aquaeductus O. Schm. l. c. p. 73 Taf. VII. F. 6: Lussin grande.
R. nigrescens O. Schm. l. c. p. 74.
R. grossa O. Schm. Suppl. der Spong. des adriat. Meeres p. 37.

Vioa Nardo.
V. Johnstonii O. Schm. l. c. p. 78. Taf. VII. F. 17: Neresine in Kalksteinen. Dieser bohrende Schwamm hat seine prächtig violette Farbe weder beim Trocknen noch im Weingeist verloren.
? V. Hancocci O. Schm. l. c. p. 78 Taf. VII. F. 16: Neresine.

Auch die Polythalamien sind von mir nicht vernachlässigt, ich sehe mich aber aus Mangel an literarischen Hilfsmitteln für jetzt ausser Stande, die bei weitem grössere Zahl derselben zu bestimmen, und muss diese Arbeit auf eine günstigere Zeit verschieben.

Da das hier gegebene Verzeichniss nur auf der Ausbeute von 37 Tagen beruht, von denen 8 auf den Hafen von Lussin piccolo, 2 auf die nächste Gegend ausserhalb desselben, 6 auf Cigale, 6 auf Crivizza, 1 auf St. Martino und 8 auf Neresine verwendet wurden, und da diese Tage nur in eine und zwar in die heisseste Jahreszeit fielen, so kann dasselbe bloss als eine Basis für das Studium der Meeresfauna von Lussin betrachtet werden. Sowohl die Zahl der Netzzüge, die sich doch etwa nur auf 110 belaufen dürfte, als auch die Untersuchungen der Littoralregion müssten bedeutend vermehrt und zu verschiedenen Jahreszeiten ausgeführt werden, um den Inhalt dieser Fauna und die Verbreitung der Arten in derselben annähernd festzustellen. Gleichwohl enthält mein Verzeichniss bereits 450 Species von Evertebraten, von denen

- 1 den Cephalopoden,
- 101 den Gasteropoden,
- 57 den Lamellibranchien,
- 31 den Ascidien,
- 19 den Bryozoen,
- 53 den Crustaceen,
- 114 den Anneliden [*]) und Turbellarien,
- 30 den Echinodermen,
- 16 den Coelenteraten und
- 28 den Spongien

---

[*]) Indem zu den oben angeführten 103 Anneliden noch **Filograna implexa** kommt.

angehören, und zeugt von dem Reichthum der Lussiner Fauna. Es ergänzt, wenn es sich überhaupt um die Thierwelt des adriatischen Meeres handelt, in jeder der besprochenen Klassen, selbst die so vielfach ausgebeuteten Gasteropoden und Lamellibranchien nicht ausgenommen, die von Professor Lorenz und mir für den Quarnero und die von Professor Heller für die adriatische Küste entworfenen Verzeichnisse, vorzugsweise aber in den Abtheilungen der Tunicaten, Bryozoen und Anneliden. Die von letzterem gesammelten Ringelwürmer, welche in seinem Verzeichniss noch fehlen, stimmen, so weit ich sie durchmustert habe, grossentheils mit der Lussiner Ausbeute überein.

An Gasteropoden, Acephalen, Crustaceen und Echinodermen erscheint die dalmatische Fauna entschieden reicher als die Thierwelt des Quarnero. So zählt Lorenz 103 Gasteropoden i. w. S., 75 Lamellibranchien, 49 Decapoden und 31 Echinodermen, Heller 137 Gasteropoden i. w. S., 99 Lamellibranchien, 86 Decapoden und 37 Echinodermen auf. Dies kann zum Theil daher rühren, weil jene noch wärmeren Gegenden angehört, zum Theil aber auch darin seinen Grund haben, dass sich in ihr ausgedehntere Strecken von beträchtlicherer Tiefe befinden. Von auffallenderen Thierformen vermissen wir in dem Verzeichniss von Lorenz namentlich: Argonauta Argo, Triton variegatum, Cassis undulata, Argiope decollata, Scyllarus latus, Calappa granulata, Cymopolia Caronii, Lupa hastata, Cidaris hystrix, Luidia Savignyi, Goniodiscus placentaeformis, G. acutus und Corallium rubrum. Obschon Lorenz im Quarnero Tiefen von mehr als 45 Faden aufgefunden hat, ist es ihm doch nicht gelungen, irgend eine der mittelmeerischen Brachiopoden zu entdecken. Die tiefsten Stellen des Meeres, in welchen meine Marinari das Netz auswarfen, befinden sich bei Lussin grande, Cigale und Crivizza und überstiegen nicht 37 Faden, dennoch habe ich in mein Verzeichniss wenigstens Cypraea pyrum, C. europaea (coccinella), mehrere Arten Thracia und Lissa chiragra aufnehmen können. Ob sich Echinus melo (oder Flemingii) sonst im Quarnero häufiger findet, ist mir nicht bekannt, wenigstens ist er mir während meines Aufenthalts in Portoré und Cherso nie begegnet, aber in Lussin grande erbeuten ihn die Chioggioten mit ihren grossen und tiefgehenden Netzen nicht selten, Holothuria glabra und Idalia laciniosa, die ich bei Lussin piccolo erhielt, ist bisher nur bei Neapel, und Holothuria Catanensis nur bei Catania beobachtet worden und so dürfte die Insel Lussin, wie sich dies in der Flora der Landpflanzen ausspricht, einer Region angehören, in welcher auch die Thierwelt des Meeres schon ein südlicheres Gepräge annimmt.

Andererseits giebt mein Verzeichniss dafür einen Massstab, was ein einzelner Forscher, wenn er von Wohlwollen, gutem Rath und tüchtigen Marinaren unterstützt wird, in einem leichter zugänglichen Meeresgebiet auch in verhältnissmässig kurzer Zeit sammeln und wieviel Anschauungen nach dem Leben er aus jener in den zoologischen Museen meist so entstellten Thierwelt gewinnen kann. Täglich bot sich die Gelegenheit, den innigen Zusammenhang von Tiefe

Bodenbeschaffenheit, Vegetation und zugehörigen Bewohnern, wie ihn Lorenz so ausführlich für den Quarnero dargestellt hat, zu bestätigen; doch waren die Umstände nicht dazu angethan, diese Untersuchungen vorzugsweise in's Auge zu fassen und weiter zu führen. Mit besonderer Vorliebe wurden die Tiefen unter 20 Faden durchsucht, und aus diesen gar manches Seltene heraufgeholt, weniger Zeit blieb für die so leicht erreichbaren oberen Littoralregionen von 1 bis 10 Fuss, von denen ich schon in meinem Ausflug nach Triest gezeigt habe, wie vieles in den Schlupfwinkeln und selbst Spalten ihrer Felsblöcke verborgen ist, was man dort nicht vermuthet, und durch Zertrümmerung derselben zu Tage fördern kann.

Dass endlich durch diese um Lussin angestellten Nachforschungen die Zoologie durch mehrere neue Thierformen bereichert ist, kann, da sie sich auf sehr verschiedene Klassen vertheilen, einige auch noch nicht hinreichend charakterisirt sind, im Allgemeinen nicht eben für einen erheblichen Gewinn angesehen werden, wohl aber wird es erlaubt sein, dies für die Abtheilung der Anneliden geltend zu machen, da sich in diese nicht weniger als 21 neue Arten und 3 neue Gattungen einreihen, von denen eine die Annahme eines Generationswechsels nothwendig macht.

Erklärung der Abbildungen.

Fig. 1. **Botryllus Baeri** n. sp. (pag. 65) im contrahirten Zustande in natürlicher Grösse neben einer Tubularia patina auf der Innenfläche einer Schale von Dolium galea.

1 a. Eines von den fünf in dem farblosen hautartig dünnen Stroma gebetteten Systemen von Individuen, $4\frac{1}{2}$ mal vergrössert. Letztere stehen in 2 Kreisen, mit dem verdünnten Ende, an welchem die Kloake mündet, gegen die gemeinsame Kloakenöffnung der ganzen Gruppe gerichtet, die Kiemenöffnung abgewendet, alle durch ein Netz von Fäden mit einander und durch dieses auch mit der an der Grenze des Stroma hinziehenden Knospen treibenden Randschnur in Verbindung.

Fig. 2. **Botrylloides rosaceus** (pag. 66) im contrahirten Zustande, 4 mal vergrössert, ein fast farbloser plattenförmiger Ueberzug mit 5 von einer gemeinsamen Kloakenöffnung radienartig ausgehenden zweizeiligen Gruppen von Individuen.

Fig. 3. **Didemnium gyrosum** (pag. 63), vielleicht richtiger **Botrylloides gyrosus** n. sp., in natürlicher Grösse; ein fleischiges, flach polsterförmiges, von Gyri durchzogenes, so wenig durchscheinendes Stroma, dass man die einzelnen Individuen von der Oberseite gar nicht erkennen kann; die grauen neben den Gyri sichtbaren Punkte liegen über den Thierchen in der Dicke des Stroma, und müssen Eichen oder Gemmen sein.

3a. Eines von den Individuen, wie ich ihrer mehrere an dem Weingeist-Exemplar beobachtet, von der Gestalt eines Thierchens der Gattung Didemnium, mit einer Oeffnung (Kloakenöffnung?) auf einem kleinen Vorsprung neben der sechslappigen Kiemenöffnung 16 mal vergrössert.

α der Vordertheil eines anderen später beobachteten Individuums, an welchem neben der Kiemenöffnung entschieden eine cirrusförmige Verlängerung und unter dieser eine kleine Spalte (Kloakenöffnung?); ist das erstere nur ein verstümmeltes und dieses das vollständig erhaltene Thier, so würde die Uebereinstimmung mit Leptoclinum oder, da auch die Grenze von Thorax und Abdomen hier nicht so scharf markirt ist, mit Botrylloides unleugbar sein, doch konnten, wie oben (pag. 63) bemerkt, Kanäle, die zu gemeinsamen Kloakenöffnungen führten, nicht wahrgenommen werden.

Fig. 4. **Didemnium variolosum** n. sp. (p. 62), eine Partie eines ein paar Zoll langen fleischigen Ueberzuges in natürlicher Grösse.

Fig. 5. **Ascidia (Phallusia) fumigata** n. sp. (pag. 56) in natürlicher Grösse; die schief nach oben sehende, nicht horizontal liegende Kiemen- und Kloakenöffnung ist nur durch leichte strahlenartig ausgehende und ein wenig verästelte Furchen bezeichnet.

Fig. 6. **Coralliophaga setosa** Dunker n. sp. (pag. 48), die linke Schalenklappe in natürlicher Grösse, so durchscheinend, dass die kreisrunde Ansatzstelle des hinteren Schalenschliessmuskels durchschimmert.

a Ein Stückchen von der jetzt nur noch theilweise erhaltenen mit kurzen Borsten besetzten Epidermis.

Fig. 7. Der Vordertheil von **Holothuria Catanensis** (pag. 98), im contrahirten Zustande, von der Bauchseite gesehen, in natürlicher Grösse.

7 a. Einige von den äusserst kleinen nur mit 4 Oeffnungen und zwar kreuzweise durchbohrten Kalkscheibchen der Haut, 96 mal vergrössert.

α Eine derselben 165 mal vergrössert.

Fig. 8. Der Vordertheil von **Holothuria (Sporadipus) glabra** (pag. 99), im contrahirten Zustande, von der Seite betrachtet, in natürlicher Grösse.

8 a. Einige von den in der Haut der Füsschen enthaltenen Kalkscheibchen, welche von 6 oder 8 paarweise stehenden Oeffnungen durchbohrt sind, sowie einige in Stäbchen auslaufende Kalkgebilde, 96 mal vergrössert.

α Ein Scheibchen, das nur 4 Oeffnungen hat, 165 mal vergrössert.

Die Karte der Insel Lussin ist eine Copie der grossen österreichischen Hafen- und Küstenkarte mit Aufnahme noch einiger von meinen Marinaren mir angegebenen Ortsbezeichnungen.

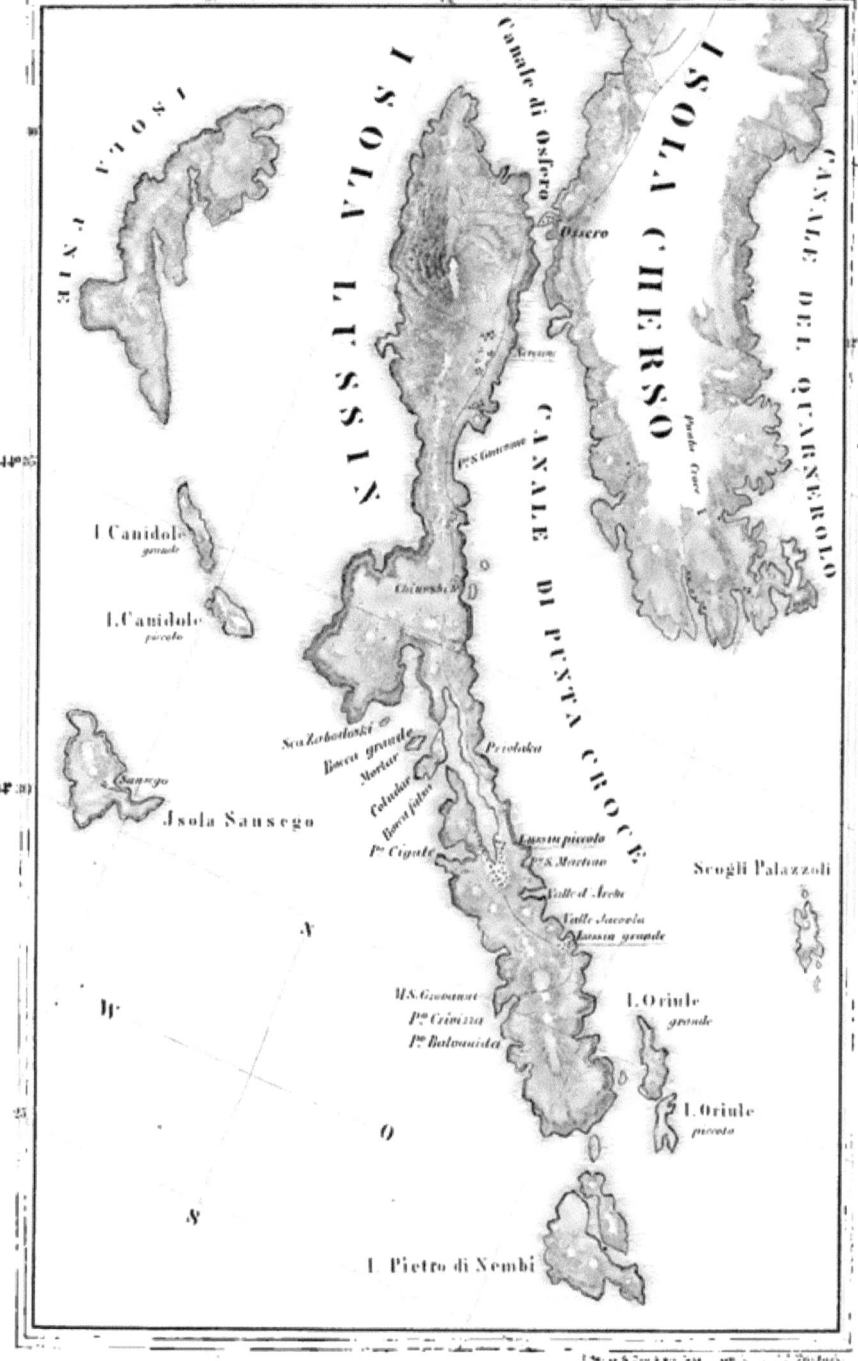

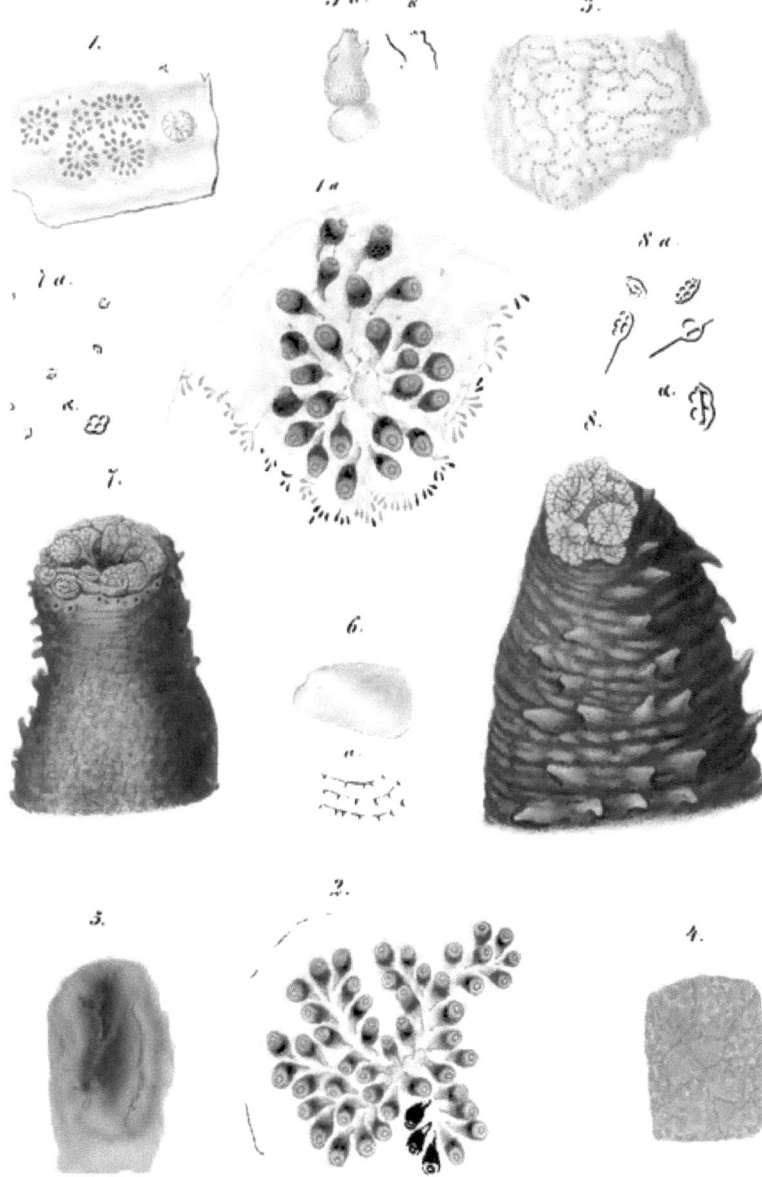